Como vivem os Espíritos

Como Vivem os Espíritos
Copyright by © Petit Editora e Distribuidora Ltda. 1990
Durante os anos de 1985, 1986 e 1987 foram feitas três tiragens pela Editora ABC do Interior, totalizando 16.500 exemplares.
17-11-05-2.000-84.500

Direção editorial: **Flávio Machado**
Assistente editorial: **Dirce Yukie Yamamoto**
Chefe de arte: **Marcio da Silva Barreto**
Capa (criação): **Flávio Machado**
Capa (arte-final): **Ricardo Brito**
Diagramação: **Ricardo Brito**
Revisão: **Cristina Yamagami e Letícia Castello Branco Braun**
Fotolito da capa: **Digigraphic**
Impressão: **SERMOGRAF – Artes Gráficas e Editora Ltda.**

Dados Internacionais de Catalogação na Publicação (CIP)
(Câmara Brasileira do Livro, SP, Brasil)

133.9 Rodrigues, Antonio Fernandes
R611c Como vivem os Espíritos / Antonio Fernandes. – São Paulo : Petit, 1990.

ISBN 85-7253-002-9

1. Espiritismo I. Rodrigues, Antonio Fernandes II. Título.

CDU: 133.9

Índices para catálogo sistemático:
1. Mensagens psicografadas : Espiritismo 133.9

Impresso no Brasil, na primavera de 2005.

Prezado leitor(a),

Caso encontre neste livro alguma parte que acredita que vai interessar ou mesmo ajudar outras pessoas e decida distribuí-la por meio da internet ou outro meio, nunca deixe de mencionar a fonte, pois assim estará preservando os direitos do autor e conseqüentemente contribuindo para uma ótima divulgação do livro.

Como vivem os Espíritos

Antonio Fernandes Rodrigues

petit
editora

Rua Atuaí, 383/389 - Vila Esperança/Penha
CEP 03646-000 - São Paulo - SP
Fone: (0xx11) 6684-6000
Endereço para correspondência:
Caixa Postal 67545 - Ag. Almeida Lima
03102-970 - São Paulo - SP

www.petit.com.br
petit@petit.com.br

Outros livros do autor
Antonio Fernandes Rodrigues:

- Pérolas Literárias
- Desvendando o Sobrenatural

APRESENTAÇÃO DO AUTOR

Antonio Fernandes Rodrigues nasceu na Espanha, em 1924, e veio para o Brasil ainda criança, onde teve a felicidade do primeiro contato com o Espiritismo, por intermédio do próprio pai, em casa, desde menino.

Como aconteceu com milhares de imigrantes, não só da Espanha como de todo o mundo, o autor se apaixonou pelo Brasil, pelo povo e pela terra brasileira. Aqui formou uma nova geração e aqui – o que mais encanta o seu coração espanhol fervoroso – conheceu a universal Doutrina dos Espíritos, que faz de seus estudiosos cidadãos do mundo, em qualquer lugar.

Antonio Fernandes nunca parou de estudar e mergulhou fundo, diariamente, como os caçadores de pérolas, no oceano universal desvendado por Allan Kardec.

Além de inumeráveis obras estrangeiras, conhece e estuda, com diligência e gosto, a obra brasileira de Chico

Xavier, André Luiz e Emmanuel, essa tríade de luz encarregada de preparar o Brasil para a Doutrina dos Espíritos, numa riqueza de detalhes jamais vista em todos os códigos e tradições religiosas do mundo.

Estudando, conhecendo, ampliando sua visão da vida e do mundo, Antonio Fernandes começou a escrever naturalmente, movido pela vontade de compartilhar, de difundir a luz que veio para todos.

Estando situado no chamado segundo século do Espiritismo, o que observamos, não só neste livro como em toda a obra de Antonio Fernandes, é o natural desdobramento da Doutrina Espírita para este segundo século: a cultura espírita.

Se temos religião, ciência e filosofia, elas se desdobram em cultura, uma nova cultura espiritual que o Brasil tem o privilégio e a responsabilidade de sediar no mundo.

E o que é cultura? Como se vestem os espíritos? Então eles se vestem? Quais são os seus hábitos e costumes? Como eles se comportam? Gostam de Arte, freqüentam teatros? Os espíritos descansam? Fazem sexo? Como se divertem, como trabalham, como se preparam para de novo voltar à Terra? Existem rendas e propriedades na vida espiritual?

Com paciência e sentido crítico, Antonio Fernandes mostra as semelhanças e as diferenças da vida que é única, mas separada por nascimento e morte, e aponta para o que faz a verdadeira diferença: o grande amor universal que move o mundo e nos aproxima uns dos outros.

SUMÁRIO

EXISTEM ESPÍRITOS?

Todos nós temos um desejo incontido de fazer com que os outros entendam nossos pontos de vista, que aceitem nossos princípios religiosos ou filosóficos. Assim é que os espíritas procuram levar aos outros a convicção da existência dos espíritos.

Kardec nos fala que somente devemos nos propor a tanto quando o nosso interlocutor admitir a existência de Deus e da alma, bem como a sua sobrevivência. Aceita essa premissa, temos condições de prosseguir na abordagem do tema em questão, ou seja, a existência do espírito.

O espírito nada mais é que a alma após o seu desligamento dos laços que a prendem ao corpo carnal. Esse desprendimento se dá com o enfraquecimento do princípio vital, que é o responsável pelo agregamento do perispírito ao corpo.

O princípio vital, (fluido animalizado) retorna à fonte, o fluido cósmico, quando da morte física. Aceita a existência do espírito, que nada mais é que a sobrevivência da alma, automaticamente temos que concordar que ele esteja na erraticidade – designação do espaço sem fronteiras, que é o infinito sideral.

Entretanto, devemos lembrar que a possibilidade de locomoção do espírito nesse espaço é relativa às suas condições evolutivas. Assim sendo, é natural que os espíritos inferiores estejam limitados a uma área que poderíamos denominar atmosfera terrestre.

Estando eles nas circunvizinhanças de nosso planeta, e grande porcentagem junto a nós, influindo e sendo influenciados, nada impede que eles possam acentuar essa influenciação até o ponto de serem perceptíveis àqueles que lhes proporcionam essas possibilidades, os quais são denominados médiuns*, pelas suas condições sensitivas.

Esse contato com a população espiritual é bem maior do que imaginamos, conforme nos ensina Kardec, a ponto de agirmos freqüentemente como intérpretes, mais ou menos, segundo a passividade** e a sintonia estabelecida.

Uma das rejeições apresentadas pelos que não concordam com essa tese é a de que, sendo o espírito imaterial, não poderia atuar no material. Mas devemos lembrar

* Médium: toda pessoa que sente em um grau qualquer a influência dos espíritos. Esta é a definição de Allan Kardec, que precisou grafar esta palavra, "médium", para designar essa faculdade.

** Passividade: ação de se deixar receber efeitos e emoções dos espíritos.

que o espírito está revestido de um corpo fluídico, que é material, que contacta com o corpo fluídico do homem encarnado, que ainda não possui o corpo vital (corpo fluídico mais denso que o perispírito), e é graças a esses intermediários que se dá a comunicação.

Isso é admissível, tendo em vista que a telepatia é também uma comunicação entre pessoas (espíritos encarnados), mesmo que estejam bem afastadas umas das outras. E a telepatia é aceita pela ciência, inclusive pela materialista (parapsicólogos, russos entre outros).

O Prof. J. B. Rhine, da Duke University, Estados Unidos, chegou à conclusão de que a mente não é física, mas age por via extrafísica, sobre o mundo material. Devemos lembrar ainda que o vapor e a eletricidade são fluídicos, no entanto são potentes meios de atuar sobre a matéria. "A luz imponderável não exerce ação química sobre a matéria ponderável?" (1)

Os preconceitos estão caindo e as mentes estão se arejando, e hoje, felizmente, as afirmações espíritas estão sendo levadas a sério, graças à evolução intelectual e à queda das barreiras representadas pelo orgulho e fanatismo.

"Se o Espiritismo tivesse aparecido antes das descobertas científicas, teria abortado, como tudo o que vem antes do tempo." (2)

Outra grande colaboração dada para que os incrédulos aceitassem a verdade da sobrevivência da alma e da sua comunicabilidade com os encarnados é a dos abnegados médiuns que se prestaram a diversos tipos de experiências.

Entre tanto outros, mencionemos Daniel Dunglas Home, Eusápia Paladino, Elisabeth d'Espérance, Florence Cook, Kathleem Goligher e Leonora Piper. Esta última, por exemplo, conservou até o desencarne uma pequena cicatriz no pulso, resultado de uma incisão durante as pesquisas, a recordar quanto eram exigentes os pesquisadores da Society for Psychical Research (Sociedade para Pesquisa Psíquica).

No campo dos efeitos intelectuais, podemos citar Andrew Jackson Davis, reverendo George Vale Owen, Zilda Gama, Yvonne Pereira, Divaldo Pereira Franco e Francisco Cândido Xavier, todos com inúmeros livros psicografados, nos mais variados tipos de conhecimentos; assim como os médiuns curadores, que tantos benefícios prestaram à humanidade, minimizando os seus sofrimentos, sejam eles de ordem material ou espiritual.

A *Bíblia* e todos os livros-base de doutrinas religiosas são repositórios de relatos do intercâmbio entre os espíritos e os homens. Os grandes profetas e líderes religiosos são os personagens que marcaram as páginas da história pelas suas demonstrações fenomênicas, acordando-nos do sono milenar para as realidades espirituais, contribuindo dessa forma para o progresso da civilização.

Bibliografia

1 • *O Livro dos Médiuns*, Allan Kardec, cap. 1.
2 • *A Gênese*, Allan Kardec.

O ESPÍRITO E SEUS CORPOS

O homem, ser vivente, é composto de:

1 – Espírito
2 – Perispírito
3 – Princípio vital
4 – Corpo físico

Espírito

"Espírito é o princípio inteligente do universo." [1]

O espírito não tem forma, mas podemos representá-lo como "chama, clarão ou centelha etérea" [2] e foi criado simples e ignorante [3].

O espírito aparece quando "...o princípio inteligente sofre uma transformação e se torna espírito" (4). "Haveria assim filiação espiritual do animal para o homem, como há filiação corporal" (5).

André Luiz e Emmanuel em muitas ocasiões têm apoiado esse entendimento. Vejamos algumas citações de suas obras:

"Reconhecemos, por exemplo, que o homem comum já atravessou, desde milênios, a estação evolutiva em que se demora o irracional e, em várias ocasiões, revela comportamento de nível inferior ao dele." (6)

"A ignorância, por hora, não lhes confere a glória da responsabilidade. Em desenvolvimento de tendências dignas, candidatam-se à humanidade que conhecemos na crosta. Situam-se entre o raciocínio fragmentário do macacóide e a idéia simples do homem primitivo na floresta." (7)

"Procedemos do elemento primitivo, comum, de que todos provimos em laboriosa marcha no decurso dos milênios, desde o seio tépido do oceano, quando as formações protoplásmicas nos lastrearam as manifestações primeiras." (8)

"Assim como o aperfeiçoado veículo do homem nasceu das formas primárias da natureza, o corpo espiritual foi iniciado também nos princípios rudimentares da inteligência." (9)

"Dos nossos antepassados invertebrados e vertebrados caminhamos nos milênios, de encarnação em encarnação, adquirindo inteligência, por intermédio da experimentação incessante, mas não é somente a razão o fruto de nosso aprendizado no decurso dos séculos, mas também o discernimento ou luz espiritual com que pouco a pouco aperfeiçoamos a mente." (10)

"Não há favoritismo no Templo Universal do Eterno, e todas as forças da Criação aperfeiçoam-se no infinito. A crisálida* de consciência, que reside no cristal a rolar na corrente do rio, aí se acha em processo libertatório; as árvores que por vezes se aprumam centenas de anos, a suportar os golpes do inverno e acalentadas pelas carícias da primavera, estão conquistando a memória; a fêmea do tigre, lambendo os filhos, recém-natos, aprende rudimentos do amor; o símio, guinchando, organiza a faculdade da palavra." (11)

Retrocedendo ao princípio inteligente, encontramos a explicação de sua origem, quando a resposta à pergunta 606 de *O Livro dos Espíritos* diz que o princípio inteligente é tirado do elemento inteligente universal.

Se formos analisando profundamente a obra kardequiana, bem como a de André Luiz, concluímos que a origem do homem remonta aos reinos inferiores, conforme vemos na resposta à pergunta 540 de *O Livro dos Espíritos*:

"É assim que tudo serve, tudo se encadeia na natureza, desde o átomo primitivo até o arcanjo, pois ele mesmo começou pelo átomo." E na citação de André

---

*Crisálida: lagarta que se transformará em borboleta. Neste caso, o estado latente, dormente, que se manifestará depois.

Luiz: "O espírito mais sábio não se animaria a localizar, com afirmações dogmáticas, o ponto onde termina a matéria e começa o espírito" [12]. E esta outra: "Posteriormente, o princípio espiritual que despertou do sono letárgico do mineral descortinou os horizontes da sensibilidade vegetal, desenvolveu o instinto animal, penetra nos domínios da mente." Diz Léon Denis: "Na planta, a inteligência dormita; no animal, sonha; só no homem acorda, conhece-se, possui-se e torna-se consciente."

Essa hipótese é reforçada pela pergunta 28 de *O Livro dos Espíritos*:

"Sendo o espírito, em si mesmo, alguma coisa, não seria mais exato, e menos sujeito a confusões, designar esses dois elementos gerais pelas expressões: matéria inerte e matéria inteligente?

Resposta: As palavras pouco nos importam: Cabe-vos formular vossa linguagem de modo que vos possais entender."

Ora, sendo matéria em estados diferentes, mas matéria, podemos concluir que a matéria inteligente teria sido matéria inerte. Relembremos a questão 540 (*O Livro dos Espíritos*). Esse tema é também tratado na pergunta 82: "É certo dizer que os espíritos são imateriais? Resposta: Como é possível definir uma coisa, quando faltam termos de comparação e com uma linguagem insuficiente? Pode um cego de nascença definir a luz? Imaterial não é bem o termo; incorpóreo seria mais exato, porque, compreendeis muito bem, sendo o espírito uma criação, deve ser alguma coisa, é matéria quintessenciada, mas sem analogia para vós e tão eterizada que vos escapa aos sentidos".

Quanto à transição irracional-racional, relembremos a questão 607 [4]: "Ficou dito que a alma do homem, em sua origem, assemelha-se ao estado de infância da vida corpórea, que a sua inteligência apenas desponta, e que ela se ensaia para a vida. Onde cumpre o espírito essa primeira fase? Resposta: Numa série de existências que precedem o período que chamais humanidade".

No livro *A Gênese* (cap. 11, item 16), Kardec nos fala dos primeiros homens: "Como não há transições bruscas na natureza, é provável que os primeiros homens que apareceram sobre a Terra pouco diferissem do macaco em sua forma exterior, e sem dúvida também quanto à sua inteligência".

Emmanuel esclarece em que ponto se dá essa transição: "Mais de vinte bilhões de inteligências subumanas que são aproveitadas nos múltiplos serviços do progresso planetário cercam o domicílio terrestre, demorando-se em outras faixas de evolução" [13].

Entre os reinos vegetal e animal, a ciência nos fala dos "zoófitos ou animais-plantas, cujo nome indica que têm algo de um e de outro: é o traço de união" [14].

O mineral (inorgânico) é simplesmente matéria.

O vegetal (orgânico) possuiu princípio vital.

O animal, além do princípio vital, possui também perispírito [15] e princípio inteligente.

O homem, além do princípio vital e do perispírito, é espírito. Diz Kardec que o mineral é decomposto e recomposto; o vegetal, entretanto, não pode ser recomposto, porque o princípio vital retorna à sua origem (fluido universal). Prosseguiremos nos próximos capítulos.

Bibliografia

1 • *O Livro dos Espíritos*, Allan Kardec, questão 23.
2 • Idem, questão 88.
3 • Idem, questão 115.
4 • Idem, questão 607.
5 • *A Gênese*, Allan Kardec, cap. 11, item 23.
6 • *Libertação*, André Luiz, pág. 29.
7 • Idem, pág. 60.
8 • *Evolução em dois mundos*, André Luiz, pág. 28.
9 • *Entre a Terra e o Céu*, André Luiz, pág. 132.
10 • *Roteiro*, Emmanuel, pág. 44.
11 • *No mundo maior*, André Luiz, pág. 45.
12 • Idem, pág. 5.
13 • *Roteiro*, Emmanuel, pág. 43.
14 • *A Gênese*, Allan Kardec, cap. 10, item 24.
15 • *Evolução anímica*, Gabriel Dellane.

Perispírito

Perispírito é o elemento de ligação entre o espírito e a matéria, por meio da qual ele exerce sua ação.

O Perispírito é o envoltório fluídico do espírito. Essa vestimenta é mais ou menos grosseira segundo o estado evolutivo do espírito e é formada pelo fluido universal de cada planeta. No estado de erraticidade*, esse envoltório pode se apresentar sob o aspecto que se desejar, porque é manipulável pelo pensamento do espírito.

Assim é que, se evocarmos Esopo**, ele se apresentará ao vidente de acordo com o aspecto físico pelo qual a história o registra, isto é, corcunda e feio, apesar de na realidade tratar-se de um espírito resplandecente de luz e causar respeito e simpatia em virtude de sua forma harmoniosa e bela.

Outros exemplos encontramos em *O Livro dos Médiuns*, mostrando-nos as possibilidades que os espíritos possuem para modificar a sua vestimenta perispiritual. Essas modificações também podem ser feitas em conformidade com o plano em que tenham que se apresentar. Assim é que para se tornarem visíveis (forma vaporosa) e palpáveis (materialização) e até na forma denominada "agênere", em que pode ser confundida com uma pessoa encarnada, o perispírito se adensará segundo essas necessidades.

Tais modificações se processam de acordo com os desejos do espírito, como também ocorrem contra sua vontade como nos casos de degenerescência [(1)] ou nos casos de mutilação, por efeito de doenças ou acidentes, que se refletem no perispírito e acompanham-no quando

*Erraticidade: período ou estado em que o espírito se encontra entre uma e outra encarnação.

**Esopo: autor das fábulas de Esopo. Viveu na Grécia cerca de 500 anos antes de Jesus. (séc. V a.C.)

do desencarne, seja por impossibilidade ou por ignorância, mas que pelo pensamento essa desarmonia pode ser corrigida no corpo perispiritual. Aliás, esses desequilíbrios da "forma" nada mais são do que reflexos da mente doentia, porque uma pessoa doente fisicamente, mas sã moralmente, passará para o mundo espiritual liberta de todas as imperfeições físicas. O corpo fluídico será o que o espírito estiver vivendo mentalmente.

Haraldur Nielson, em seu livro *O Espiritismo e a Igreja*, nos conta uma cena de desencarne presenciada por uma enfermeira clarividente, em que ela nos descreve a beleza perispiritual de uma senhora que fisicamente estava em lamentável situação. Era um quadro de rara beleza! O perispírito, exuberante de saúde e alegria, abandonando aquele corpo enfermo e de lastimável aspecto.

Outro exemplo notável dessa transformação é o que nos conta Chico Xavier, relatando a cena da visita que Jésus Gonçalves lhe fez, um dia do seu desencarne, cumprindo uma promessa que esse lhe fizera em uma de suas cartas. Jésus Gonçalves estava bastante deformado pela lepra, causadora de seu falecimento; no entanto, quando se apresentou à vidência do Chico, foi sem deformidades. Mas o notável, no caso, é que era justamente nas partes onde a lepra mais o afligiu, que mais resplandecia o seu corpo espiritual.

O corpo perispirítico varia segundo o estado evolutivo dos espíritos, bem como do plano onde ele se encontra. Assim é que o perispírito de um selvagem é bastante pastoso, conforme nos afirma André Luiz: "O instrumento perispirítico do selvagem deve ser classificado como protoforma humana, extremamente condensado pela sua integração com a matéria mais densa" (2).

Sendo o perispírito variável em sua densidade, conforme o estado evolutivo do espírito, podemos compreender por que um espírito superior pode ver o inferior e este não o vê. Isso é natural, já que "...o perispírito é uma condensação do fluido em torno de um foco de inteligência ou alma" (3). O perispírito não está, porém, preso dentro de uma caixa (corpo) como um pássaro, mas sim "... irradia-se em derredor, envolvendo-o como uma atmosfera fluídica" (4).

R. A. Ranieri, em seu livro *Abismo*, descrevendo as zonas umbralinas mais densas, denominadas abismais, nos fala da regeneração do corpo fluídico, citando casos que levam milhares de anos para se regenerar. Mas o retrocesso é somente da forma, já que o espírito pode estacionar, mas nunca retroceder. Essa deformação é de lenta recuperação, o que faz com que o espírito tenha retardado o seu avanço evolutivo por muito tempo, devido à deficiência dos meios de atuação. É como se um músico tivesse um instrumento imperfeito para executar suas partituras.

André Luiz também se refere às formas ovóides, que poderíamos dizer seres humanos despersonalizados. Essa degenerescência é conseqüência não só do ódio extremo que determinadas criaturas votam aos seus inimigos, que às vezes perdura por centenas e até milhares de anos, como também pelas quedas morais e pelo uso excessivo de tóxicos, de forma duradoura. Poderíamos classificar essa destruição física como se fosse um bombardeio mental ou químico sobre o corpo fluídico, que o iria desintegrando paulatinamente.

André Luiz, em *Libertação*, também nos fala do retrocesso da forma. Citemos apenas um exemplo: "...e aquelas grandes corujas diferentes, cujos olhos brilhavam desagradavelmente nas sombras, seriam homens desencarnados sob tremendo castigo formal?" Esses casos de licantropia* ainda não são tão chocantes quanto o da forma ovóide, que é realmente impressionante.

Kardec, em *O Livro dos Médiuns*, diz que pelos passes podemos substituir uma molécula doente por uma sã; entretanto, se o beneficiado não se modificar mentalmente, ele retornará à condição doentia anterior. A lesão perispiritual se acentuará até a deformação, caso persistam os desregramentos físicos e mentais. É como uma ferida não tratada convenientemente, que corrói o corpo físico, como nos casos de lepra.

Assim como temos os casos negativos, também temos os positivos. O equilíbrio espiritual, a higiene mental e a harmonia que impusermos em nossa vida, bem como o desejo do bem e a aquisição de conhecimentos, farão o trabalho de purificação do perispírito.

---

*Licantropia: fenômeno ocasionado por perturbação mental em que a criatura se julga semelhante a animais, especialmente lobos, e pelo qual espíritos pervertidos no crime atuam sobre antigos parceiros encarnados ou desencarnados, fazendo-os assumir atitudes idênticas às de certos animais.

Yvonne Pereira, em *Recordações da mediunidade*, cita uma das materializações que mais a impressionou. Foi aquela em que se manifestou São Geraldo Magela, transformando a penumbra da sala numa intensa claridade. Sua figura era deslumbrante pela paz e serenidade que transmitia.

As palavras são pobres quando se trata de descrever as belezas espirituais. São sentimentos que não se podem expressar.

Roque Jacinto, em *Chico Xavier – 40 anos no mundo da mediunidade*, também nos descreve uma cena bastante parecida quando, nos idos de 1963/65, o Chico servia de médium em sessões de materialização. Emmanuel se apresentou, iluminando o ambiente. Sua figura majestosa era radiante, mas principalmente na cabeça e no coração era mais intensa a luminosidade. Seu peito era como se fosse uma estrela cintilante.

André Luiz também nos fala dos contatos com entidades superiores que se impõem não só pela sabedoria e amor, como também pela apresentação sublimada.

Irmão Jacob (Frederico Figner, quando encarnado), em seu livro *Voltei*, psicografado por Chico Xavier, nos fala que um de seus desejos ao encontrar-se na vida espiritual era ver Bitencourt Sampaio. Um dia essa pretensão foi atendida. Foi realizada uma sessão que poderíamos denominar de materialização (no plano espiritual, evidentemente). Cem médiuns a postos. Meditação profunda. O ambiente foi se transformando, uma estrela foi surgindo e, ao se aproximar dos médiuns, foi ganhando a forma humana, e Bitencourt Sampaio se fez presente. Foi uma cena emocionante, indescritível.

Muitos exemplos semelhantes nós encontramos nos livros, mas esses bastam para confirmar os ensinos espíritas, no que se relaciona às condições variadíssimas do perispírito. Devemos acrescentar que o espírito sempre necessita do perispírito para se identificar, já que ele, como vimos anteriormente, não possui forma, e dessa maneira o que vemos não é o espírito, e sim o perispírito.

Bibliografia

1 • *No mundo maior*, André Luiz, pág. 99.
2 • *Entre a Terra e o Céu*, André Luiz, pág. 132.
3 • *A Gênese*, Allan Kardec, cap. 14, item 7.
4 • Idem, cap. 14, item 18.

Princípio vital

Princípio vital é o elemento de ligação do perispírito com o corpo e que provoca a animalização deste. É também conhecido pelos nomes corpo vital e fluido vital.

Todos os seres vivos, inclusive os vegetais, possuem o princípio vital. Esse fluido elétrico animalizado é o responsável pela vida, porque sem ele a matéria não seria animada, assim como o corpo vital não existiria sem a matéria carnal, pois ambos se completam.

Sem ele o perispírito não teria condições de se imantar ao corpo denso de carne. Desde o instante inicial da vida o psicossoma* liga-se ao feto, molécula por molécula, por intermédio do fluido vital, pois é este o intermediário perispírito-corpo, conforme foi dito anteriormente, tendo em vista que esse fluido é mais denso que o perispírito e mais sutil que a matéria carnal.

Esse "halo energético" se manifesta exteriorizando-se, à maneira do campo ovóide, naquilo que denominamos aura humana. Esta se apresenta cromaticamente, segundo a onda mental que emitimos. Essa "túnica eletromagnética", que é o fluido vital, também responde pela maior ou menor vitalidade do corpo e é transmissível na doação denominada "passe".

Entre outras, a característica que distingue o orgânico do inorgânico é o corpo vital. No inorgânico ele não existe, por isso podemos decompô-lo e reconstituí-lo, o que é impossível em se tratando de corpos orgânicos.

Se destruirmos uma folha vegetal, não poderemos reconstituí-la, pois o princípio vital, esvaindo-se, não dará as condições de recomposição dessa folha. No entanto, tanto os orgânicos como os inorgânicos são constituídos pelos mesmos elementos materiais: oxigênio, hidrogênio, carbono e nitrogênio. Havendo uma

*Psicossoma: meio ou ambiente em que se acham fundidos e agregados os elementos orgânicos e psíquicos do ser, da criatura.

modificação na constituição molecular do mineral, temos uma molécula orgânica.

Pela análise dos ensinamentos de Kardec, verificamos que a existência do fluido vital depende dos órgãos; se estes derem condições para existir, é a vida; se essas condições deixarem de existir, é a morte. "Porém o efeito sobre o estado molecular do corpo, causado pelo princípio vital, subsiste depois da extinção desse princípio, como a carbonização da madeira persiste depois da extinção do calor." Essa extinção significa seu retorno à fonte de onde proveio: o fluido universal.

É natural que o princípio vital não seja o mesmo em todos os seres orgânicos, e sim modificado segundo as espécies. Assim como um motor, conforme a sua feitura, movimenta os diversos tipos de máquinas. "O princípio vital é a força motriz dos corpos orgânicos."

O fluido vital corrige as deficiências e restabelece a harmonia orgânica, mas quando as lesões são irrecuperáveis o fluido é impotente e, dessa forma, cessa a vida. "Tem pois a vida uma maneira especial, vivente, de proceder, para manter o seu funcionamento; existe no ser organizado algo inexistente nos corpos inorgânicos, algo operante por métodos particulares, sui generis, e que não só fabrica como repara os órgãos. A esse algo chamamos força vital." (1)

A quantidade de fluido vital não é a mesma em todos os seres, variando até na mesma espécie. Assim é que há indivíduos que estão saturados desse fluido, enquanto outros o possuem na quantidade suficiente.

É por isso que vemos pessoas que são dinâmicas e que se destacam pela intensa atividade que desenvolvem; possuem uma vitalidade superabundante.

Essa duplicata radiante das criaturas é a que os modernos investigadores russos denominam corpo bioplástico, cuja existência foi comprovada pela fotografia Kirlian.

Nos fenômenos mediúnicos é fator preponderante, principalmente nos efeitos físicos. É pela sua exsudação*, naquilo que denominamos ectoplasmia que temos as materializações das entidades espirituais, bem como os fenômenos de levitação, escrita direta** etc.

O corpo vital é a base do cordão fluídico (que é uma extensão perispiritual) e se apresenta quando do desprendimento do espírito durante o sono ou nos chamados fenômenos de desdobramento. Aliás, esse cordão radiante é que distingue o encarnado do desencarnado. André Luiz nos fala do assombro que lhe causou a visão de homens singrando o espaço, mas deixando atrás de si extenso cordão fosforescente.

Por mais distante que o espírito esteja, se o corpo sofrer qualquer agressão, instantaneamente retornará ao corpo (2). Assim é que ninguém desencarna quando seu espírito estiver fora do corpo, mesmo porque "...é necessário que ele retorne à unidade psicossomática para que se processe o fenômeno biológico da morte" (3).

---

*Exsudação: expelir ectoplasma em forma de gotas, suor ou, no caso, gases.
**Escrita direta: (modernamente) psicografia.

No fenômeno do desencarne, tão bem relatado por André Luiz, bem como por Haraldur Nielson, vemos o desligamento plexo a plexo, finalizando pelo coronário. Quando este se rompe, o perispírito se projeta no espaço, logo acima do corpo, numa duplicata fiel, que ganhará, no entanto, modificações para melhor ou para pior, segundo o seu estado evolutivo.

No entanto, não é o perispírito que abandona o corpo e sim o fluido vital que afrouxa os laços e liberta o perispírito. Essa libertação não é brusca, e sim molécula a molécula, a exemplo do que acontece quando do reencarne. Em libertando-se, o fluido vital acompanhará o corpo carnal por algum tempo e poderá ser vampirizado por entidades inferiores, se não houver alguém que impeça os assaltantes de praticar essa ação. São cenas indescritíveis narradas por André Luiz e que nos mostram as baixezas que existem tanto neste como no outro mundo, já que não é a mudança de plano que modifica as pessoas, mas sim quando estas se propõem a se transformar, cansadas de trilhar o caminho dos vícios físicos e mentais.

Bibliografia

1 • *A Evolução anímica*, Gabriel Dellane, pág. 31.

2 • *O Livro dos Médiuns*, Allan Kardec, questão 284, itens 43/5.

3 • Comentário de J. Herculano Pires (rodapé) aos itens mencionados.

Corpo físico

O corpo humano, essa máquina divina, é o executor da vontade do espírito. Por intermédio desse instrumento maravilhoso é que o espírito tem possibilidade de progredir mais rapidamente. Mas o que é essa máquina, senão a última etapa no aperfeiçoamento dos corpos, desde o zoófito*? Um futuro interminável o aguarda na série de transformações e aperfeiçoamento.

O homem é um ser inacabado e possui muitas possibilidades, ainda, que não foram exploradas, principalmente no campo do complexo cerebral. No entanto, somos idênticos aos outros animais, no que se refere aos elementos de que são formados: oxigênio, hidrogênio, carbono e nitrogênio; sem falar que temos as mesmas funções e os mesmos modos de nutrição, de respiração, de secreção, de reprodução; nascemos, vivemos, morremos nas mesmas condições. "Embora isso fira seu orgulho, o homem deve se resignar em ver em seu corpo material o último elo da animalidade sobre a Terra." (1)

Nem sempre avaliamos a gama imensa de possibilidades que o corpo oferece, sem falar nas condições incalculáveis de adaptação que possui. Referimo-nos aos erros que ainda cometemos no capítulo da alimentação e de todos os excessos perniciosos que ainda não conseguimos eliminar, em virtude das nossas viciações.

---

*Zoófito: animal que se parece com plantas. Radiado. Os corais e as esponjas marinhas pertencem a essa categoria.

Somente pelos ensinos dos livros especializados sobre o corpo humano podemos avaliar a grandeza dessa máquina extraordinária. As faculdade de assimilação, regeneração, substituição e tantas atividades que desenvolve nos oferecem um quadro impressionante de suas aptidões, demonstrando a grandiosidade do seu Criador.

O coração bombeando o sangue; os pulmões absorvendo o oxigênio e expelindo o carbono; o fígado, qual prodigioso laboratório, produzindo substâncias, bem como regulando as reações metabólicas; os rins, o baço, as glândulas genitais, a tireóide, as paratireóides, o timo, o pâncreas, os supra-renais, sem falar nas prodigiosas epífise e hipófise; os aparelhos visual, auditivo, gustativo e olfativo; os vasos linfáticos, quais tubulações dos mais diversos diâmetros, a levar o sangue a todas as zonas do território humano.

Falar sobre todos os órgãos e suas possibilidades seria impossível, mesmo que reproduzíssemos uma biblioteca inteira. O nosso intuito é apenas lembrar os inúmeros benefícios que nos prestam e que nem sempre, pelas nossas atitudes, reconhecemos.

Dizem que, na formação do feto, a sua progressão é uma recapitulação das formas primárias da vida animal. Mas assim como a bolota se transforma em um imponente carvalho, também o feto, desacreditado pela sua aparência, vai ganhando a harmonia e a beleza dos contornos e se apresenta na admirável criatura que denominamos “homem”.

De tudo que a natureza nos tem ofertado, sem dúvida o ser humano é a criatura mais perfeita, por ser a última que surgiu na face da Terra. "...Seguindo passo a passo a série de seres, dir-se-ia que cada espécie é um aperfeiçoamento, uma transformação da espécie imediatamente inferior." (2) E mesmo o homem atual é um modelo melhorado daquele que existiu alguns milênios atrás, assim como sabemos que essa melhoria está em curso para espécies mais perfeitas, tanto na beleza como nas aptidões. Para isso, como co-criador com Deus, o homem, à medida que vai evoluindo espiritualmente, modela sua forma carnal, imprimindo-lhe faculdades novas. O alimento, os hábitos e a atuação mental vão dando-lhe outras dimensões, somente percebidas pelos que se dedicam ao estudo da evolução das espécies. Mas como tudo marcha sem cessar, basta olharmos para trás, para percebermos a melhoria atual e assim termos a certeza de um futuro mais glorioso para a vestimenta do espírito, no que concerne às suas atividades neste mundo terreno.

Não muito distante ficou o homem da caverna, e a eternidade nos acena com as possibilidades inimagináveis da perfeição; até lá vamos procurar compreender o papel importantíssimo que o corpo nos oferece no campo da evolução, tendo em vista que nos permite maiores possibilidades de reparação pelo esquecimento do passado, não só no que se refere àqueles com quem temos reajustes como também porque, reiniciando a trajetória em corpo novo, torna-se mais fácil a eliminação dos vícios, como também é uma trégua para aqueles que se encontram combalidos na luta pelo aperfeiçoamento.

Bibliografia

1 • *A GÊNESE*, ALLAN KARDEC, CAP. 10, ITEM 29.
2 • IDEM, ITEM 28.

PERISPÍRITO, ESPELHO DA ALMA

Muitos pensam que as doenças e os problemas de ordem material ficam com o corpo e que o espírito se liberta não só dos sofrimentos como também de tudo o que é de ordem física no momento do desencarne. Alguns chegam mesmo a acreditar que, ao chegar ao mundo espiritual, as pessoas se modificam radicalmente, tornando-se anjos, isto é, sábios e bons, o que é um absurdo, pois ninguém melhora "milagrosamente", pela simples mudança de plano, ao desencarnar. As pessoas que vão para as esferas sublimadas já são conhecidas na Terra como espíritos superiores, seja pela capacidade ou pela missão que desempenharam. São os que se destacaram em favor do bem da humanidade. Citemos alguns exemplos: Jesus de Nazaré, Krishna, Buda, Zoroastro, Gandhi, Francisco de Assis etc.

Quanto a nós, pobres espíritos ignorantes e endividados que ainda somos, que nada fizemos para os nossos semelhantes, nem mesmo para nós no campo do saber e do amor, o que poderemos esperar ao regressar ao mundo espiritual senão o mesmo ambiente que construímos aqui na Terra? É óbvio que um selvagem não pode morar num palácio, e sim numa tapera, entre os que são iguais, pois do contrário ele não se sentiria bem, porque não se adaptaria a um meio que lhe fosse totalmente estranho.

Assim sendo, quando chegarmos ao mundo espiritual, levaremos conosco os vícios, as fraquezas, os cacoetes, os defeitos físicos e todo o elenco de hábitos e costumes que possuímos quando encarnados. E só depois que eliminarmos essas deficiências e vícios, seguindo a orientação de nossos mestres, é que poderemos nos tornar cada vez mais próximos do ideal de perfeição que almejamos. Aliás, esse trabalho de aperfeiçoamento poderá ser iniciado aqui mesmo na Terra, desde que renunciemos aos prazeres materiais e nos dediquemos com mais empenho às conquistas das virtudes e do conhecimento, indispensáveis para que subamos mais um degrau da escada evolutiva.

Devemos lembrar que o nosso corpo não é responsável pelos desacertos de nossas atitudes aqui na Terra, porquanto ele não passa de uma vestimenta do espírito, o responsável por todos os nossos desatinos. Assim sendo, mesmo que mudemos de roupa, não mudamos de personalidade, continuamos sendo a mesma pessoa, física e psiquicamente. Se formos magros e altos ou baixos e gordos, feios ou bonitos, perfeitos ou defeituosos, dessa ou daquela raça, é dessa forma que nos identificaremos no mundo espiritual.

Como todas essas características são criações do próprio espírito, somente ele mesmo pode modificá-las, desde que possua poder mental para tanto e obtenha permissão superior para esse fim.

É por isso que no mundo espiritual encontramos a mesma população que conhecíamos aqui na Terra, com os mesmos desejos e os mesmos problemas, com as mesmas deficiências e as mesmas anomalias, porque ainda não conseguiram livrar-se dessas imperfeições, embora tenham deixado a vestimenta carnal na sepultura.

Como o corpo perispiritual nada mais é que o molde do corpo carnal, é natural que ele se apresente com as mesmas características do corpo que ele molda! Estamos nos referindo aos espíritos em expiações, porquanto os mais elevados, ao desencarnarem, se apresentarão perispiritualmente belos e perfeitos, sem os danos que a velhice e as doenças impuseram ao corpo, porque seu perispírito reflete a superioridade do espírito, que é o ser inteligente que comanda o corpo.

PARA ONDE IREMOS?

Todos os seres vivos possuem o instinto de conservação, principalmente o ser humano. A esse, porém, foi acrescentada a inteligência, por conquista própria, que lhe dá condições para discernir e escolher o que for mais lógico. Assim é que, graças aos conhecimentos espirituais, sabemos preservar a vida, porque, caso contrário, responderemos pelo suicídio que praticarmos. Entretanto, não devemos temer a morte, pois ela não representa o fim, mas, simplesmente, o término de uma existência carnal e o reingresso no plano espiritual, que é a verdadeira vida, porque esta nos liberta dos impedimentos impostos pelas necessidades físicas.

Tanto a morte como o nascimento, devem ser encarados da mesma maneira, ou seja, apenas como mudança de plano. Ora, se assim é, devemos enfrentar a morte tranqüilamente, como se fôssemos transferidos de uma cidade para outra, onde entramos em contato com novos amigos e novos panoramas. Aliás, é mais difícil enfrentarmos um renascimento do que um desencarne, porque, enquanto este é conclusão de uma tarefa, aquele é a incógnita do reinício de outra experiência, que não sabemos como será.

Somente temem a morte aqueles que não levaram uma vida de acordo com os preceitos cristãos, porque trazem na consciência a culpa dos seus desregramentos e transgressões das leis; daí instintivamente enfrentarem esse acontecimento com medo daquilo que lhes aguarda depois da morte.

Isso, porém, não acontece com os que souberam pautar sua vida pelos ensinos do Cristo. Estes enfrentam a passagem da morte tranqüilos e felizes, porque estão em paz consigo mesmo, em virtude do reto viver.

O temor da morte é também produto de nossa ignorância e de costumes alimentados por religiões que se preocupam mais com as questões terrenas do que com os problemas espirituais; daí a falsa visão do que realmente é a vida após a morte. Se souberem que após a morte há uma continuação desta vida, com pequenas alterações de ordem física, porque os corpos são fluídicos, não estranharão a nova atividade, porque cada um fará aquilo que souber, conforme as necessidades do plano em que atuará e de acordo com as possibilidades conquistadas.

Tudo é uma questão de boa vontade e de adaptação. Na vida tudo está em constante atividade, e quem não for ativo será marginalizado e, assim, sofrerá as conseqüências desse procedimento.

Quando compreendermos essas questões, tudo se tornará tão simples e natural que não mais haverá ansiedades e dúvidas pelo que nos acontecerá na outra dimensão da vida, porque tudo será em conformidade com aquilo que fizermos na vida terrena.

Cada qual irá para o plano que conquistou pelos seus esforços ou descerá (vibratoriamente) para as zonas umbralinas*, a fim de expurgar as suas criações mentais destrutivas, que o imantam às regiões inferiores.

*Zonas umbralinas: condições em que vivem os espíritos ainda presos às sensações, vícios, ódios e desejos carnais que tinham quando estavam encarnados.

A VIDA DEPOIS DA VIDA

Quando André Luiz, por intermédio da psicografia de Chico Xavier, falou-nos das cidades espirituais, descrevendo as intensas atividades nelas desenvolvidas, com seus hospitais, suas escolas, seus campos, jardins, rios e tudo o mais que aqui na Terra há, inclusive a vida social, muitos espíritas taxaram tais notícias de não-verdadeiras, pondo-as de "quarentena", apesar de tais descrições já haverem sido feitas também por outros escritores da vida espiritual, notadamente nas mensagens recebidas pelo reverendo inglês, George Vale Owen, com o título de *A vida além do véu*.

Com o passar do tempo, graças a livros desse gênero, persistentemente e ansiosamente aguardados por muitas pessoas, foi se modificando a opinião a respeito das obras da famosa série *Luizina, que* hoje são consideradas respeitáveis e dignas dos maiores elogios, não só pela beleza e pelo primor das descrições da vida espiritual como também pelos ensinamentos doutrinários que encerram.

Recentemente, acabamos de ter mais uma prova da veracidade dessas novidades, com alguns livros escritos por pesquisadores americanos, relatando experiências de pessoas que foram consideradas clinicamente mortas e que retornaram à vida e descreveram o que viram e ouviram na vida maior, confirmando os depoimentos, não só de André Luiz como de outros espíritos que nos falaram dessa vida.

O livro *Life after life*, do dr. Raymond A. Moody (pesquisador não-espírita), *best-seller* nos Estados Unidos, é um desses livros que nos falam dessas experiências inusitadas, agora complementado com o novo livro *Reflections on life after life,* que nos traz o resultado de novas entrevistas com os que permaneceram alguns instantes na outra dimensão da vida, mas retornaram por não ter ainda chegado sua hora de regresso à pátria espiritual.

Transformados com essa experiência, nos relatam emocionados o encontro com seres luminosos, como anjos de bondade e compreensão, que aconselham e consolam, orientam e encorajam. Descrevem cidades com edifícios resplandecentes, assim como nascentes de águas cristalinas, além de música celestial que deliciosamente havia no ar, transmitindo paz infinita, com uma sensação presente de amor. E não se trata de algumas testemunhas, mas sim de centenas de casos quase coincidentes, variando apenas nos pormenores.

Os espíritos nesta antevéspera de grandes transformações, estão lançando mão de mais um meio para convencer a humanidade, voltada para o materialismo, de que outra vida existe além da morte física e que a conquista dos bens terrenos, de forma desesperada, assim como essa ânsia de viver os prazeres carnais, nada representam diante das venturas da verdadeira vida.

Esclarecem-nos ainda: que lá seremos recepcionados segundo a nossa condição moral; que os valores que aqui representamos, no tocante à posição social, financeira, política ou intelectual, nada significam se não tivermos o coração voltado para o ideal de servir; que o amor é a chave da verdadeira felicidade; que o espantalho da morte não tem sentido, já que ela é a libertação de certos impedimentos que o corpo carnal nos impõe; que a morte é maravilhosa e que o difícil é lutar para viver, como encarnado.

Além desses livros que nos falam da vida espiritual, outra "coqueluche" do momento é a moda de se hipnotizarem pessoas, fazendo-as retroceder no tempo, a fim de que falem de suas existências anteriores, comprovando assim a reencarnação.*

*O autor refere-se a TVP, isto é, à Terapia de Vidas Passadas ou Regressão de Memória. Na Doutrina Espírita, tratamento semelhante é utilizado nos processos de desobsessão para que o espírito obsessor conheça a origem de seu sofrimento. (Nota do Editor.)

Vemos que os espíritos procuram acordar-nos para outras perspectivas de vida, para que possamos evitar o desregramento moral desta civilização em decadência, lançando mão de todos os recursos possíveis para nos livrar de imprevisíveis conseqüências.

A VIDA FUTURA

Insignificante é a porcentagem dos que não crêem na vida além da morte. Se assim não fosse, não haveria sentido em as pessoas permanecerem neste vale de lágrimas, onde a felicidade não existe nem entre os mais favorecidos financeiramente.

E, se aqui ficam, confirmam essa crença, pois sabem que ninguém pode ferir a Lei sem que sofra as conseqüências de tal atitude. Não é porque Deus seja vingativo, mas porque o mecanismo dessa Lei funciona automaticamente, para corrigir a quebra da harmonia, quando violada.

Instintivamente, todos sentem uma espécie de temor em atravessar as portas deste plano físico. O nada na realidade amedronta, o que significa que as pessoas percebem, pelo bom senso, que além da sepultura outra vida deve existir, seja porque já ouviram falar dela ou porque a morte as assusta.

Seja este ou aquele o motivo de sua apreensão, a verdade é que as pessoas lutam desesperadamente para aqui permanecer, a fim de evitar as duras realidades quando enfrentarem a passagem da morte.

Isso confirma a crença na vida futura, já que, se assim não fosse, a deserção desta vida seria a melhor opção: por que estudar, trabalhar e atritar na luta do ganha-pão, se o nada fosse a eliminação de todos os sofrimentos e desilusões? Ora, se a dúvida persiste, mais para crer do que para não crer, então é porque, de fato, concluem que há uma outra vida a nos conclamar para essa realidade; realidade essa que, em todos os tempos, foi objeto de culto e de preocupação de todos os povos.

A vida futura já foi provada e é objeto de aceitação por parte de todas as religiões dignas desse nome. O culto aos mortos, as orações para aqueles que partiram, são demonstrações reais de que não acreditam em um final de existência, e sim em uma mudança de plano. Mesmo os pagãos admitiam a existência do Olimpo e do Tártaro, para onde iam após a morte, conforme o proceder de cada um. E, a crença nos deuses e semideuses, nos demônios e outras entidades não encarnadas, não são outras tantas demonstrações de que, em todos os tempos, esse problema foi objeto de muito interesse?

Muitos vivem e falam de forma contrária a esses princípios religiosos de crença na vida extracarnal, mas na hora do desespero evocam as entidades espirituais, isto é, aqueles que aqui viveram, como tábua de salvação. Ora, se eles (os santos) não continuassem vivos do lado de lá, por que então apelar por socorro a esses guardiões espirituais?

Muitas são as historietas desses que alardeiam o seu ateísmo e a negação da sobrevivência da alma; no entanto, acabam convencendo-se, pela evidência dos fatos, seja por perturbações de obsessores* em si mesmos, ou em membros da família. Quando isso acontece, pode ser na condição de algum drama pungente e, não encontrando solução pelos métodos materiais, valem-se do intercâmbio com as entidades espirituais, não importando qual seja a religião que lhes sirva para esse fim.

Os negadores da vida espiritual assim se dizem, exteriormente, apenas para se auto-afirmar perante os amigos de aventuras, mas não terão coragem de evocar um espírito altas horas da noite, estando sozinhos em lugar deserto, ou então visitar o cemitério no período noturno. Luzes, vultos e sombras adquirem formas fantasmagóricas e não há ninguém que não tenha arrepios e não se retese de medo. O vento balançando uma folha de vegetal ou levando uma folha de papel amedronta e nos causa sensações arrepiantes. Um animal que se apresente abruptamente nos acelera o coração e nos transmite um frio glacial. São os mistérios da noite e seus impactos psicológicos.

*Obssessores: espíritos desencarnados que podem exercer alguma influência malévola sobre qualquer pessoa, ou até sobre animais. A obsessão pode verificar-se também entre desencarnados, entre encarnados e destes para com os desencarnados. É, portanto, um atributo do espírito.

Conta-se que certo homem incrédulo, dado a valentão, fez uma aposta com um amigo para provar que não acreditava em espíritos; iria ao cemitério, à noite, e fincaria um prego no portão do mesmo, como prova de que ali estivera. Como estivesse garoando, ele se muniu de uma capa e para lá se dirigiu. Entretanto, como percebera que estava afrontando os denominados mortos, ficou tão amedrontado que, ao bater o prego no portão, não se apercebeu de que havia pregado a capa junto e, ao sair rapidamente, daquele local, viu-se preso, o que lhe causou uma crise de funestas conseqüências. Ganhou a aposta, mas quase morreu de medo.

É claro que esse medo é produto de nossa ignorância, porque os espíritos não fazem mal a ninguém, desde que não lhes ofereçamos condições fluídicas, pela nossa posição mental. Se não houver afinidade, não haverá interferência.

Kardec nos fala de uma senhora espírita que, estando só, certa noite viu uma pessoa dentro de sua casa, o que a alarmou, mas acalmou-se e foi dormir tranqüilamente quando constatou que se tratava de um espírito. Ela era vidente.

Ninguém na realidade pode conceber a idéia de um fim de existência, porque a vida espiritual é intuitiva, está no íntimo de todos nós, porque na realidade já passamos por essas experiências muitas vezes e, portanto, estas se fixaram em nós, fazendo parte inalienável de nosso patrimônio espiritual.

A VIDA ESPIRITUAL

A questão da vida espiritual, embora seja admitida por muitas religiões, é encarada pela maioria das pessoas como se não existisse; como se tudo acabasse com a morte; porque do contrário, os homens seriam dedicados às questões espirituais, mais devotados aos estudos, mais desprendidos dos bens terrenos.

Entretanto, não devemos abandonar o trabalho que nos garante a subsistência e o progresso que nos proporciona conforto e bem-estar, sem descuidar do prioritário, que é a conquista dos bens espirituais.

Mas como provar que a vida espiritual é uma realidade? Prova-se pela própria afirmação dos que estão nessa dimensão da vida, não só pela comunicação psicofônica como também pela materialização dos espíritos.

E os espíritos nos falam desses planos maravilhosos, quando de ordem elevada, e horríveis, quando inferiores, acrescentando que nós iremos para o plano que construirmos pela nossa própria conduta terrena.

André Luiz, por intermédio de Chico Xavier, fala-nos de Nosso Lar, descrevendo-a, não só quanto à cidade em si, mas também quanto às atividades que seus habitantes desenvolvem. É uma vida ativa, de trabalho e também de lazer, mas sem as preocupações da vida material, tais como roubos, crimes, doenças, inflação etc. Para quem ama o trabalho e o estudo, é o céu; para quem é indolente e escravo de vícios, um lugar indesejável, porque lá não pode alimentar suas paixões.

Cada plano é uma escalada evolutiva, cada um irá para aquele que lhe é próprio.

Tal é a importância desses ensinos que Kardec colocou-os nos primeiros capítulos de *O Evangelho Segundo o Espiritismo*, porquanto todos os ensinos de Jesus giram em torno da realidade da vida espiritual. É por isso que os cristãos enfrentavam as feras dos circos romanos cantando, porque estavam certos de que encontrariam na outra vida os apóstolos do Cristo.

Os judeus tinham idéias imprecisas a respeito da vida futura; acreditavam nos anjos, mas como uma criação privilegiada. Moisés não poderia ensinar claramente sobre a vida futura a um povo de pastores, mesmo porque naquela época a humanidade vivia na infância da civilização.

Jesus, 1300 anos após o nascimento de Moisés, também não pôde adiantar muita coisa sobre essa vida, por isso apenas apresentava a vida futura como um princípio, sem falar claramente a respeito do mesmo. Tal incumbência coube ao Espiritismo, não só falando da mesma como a provando, pois os espíritos diziam dessa vida por intermédio dos médiuns.

Hoje há diversos livros de autores desencarnados que falam abundantemente do plano espiritual, seja das esferas inferiores, seja das superiores, principalmente os livros psicografados por Chico Xavier, Yvonne Pereira, Divaldo Franco, sem contar os estrangeiros, como George Vale Owen, Anthony Borgia, entre outros. Ernesto Bozzano, em seu livro *A crise da morte*, também comenta diversas mensagens de espíritos que descrevem o plano em que vivem.

Os relatos dos espíritos são para nos alertar a respeito das alegrias ou tristezas que tiveram, segundo o seu proceder na Terra.

Diante dessa realidade da vida futura, aceita por todos nós, espíritas, não podemos alegar ignorância dos ensinos de Jesus, procurando aproveitar melhor o tempo que ainda nos resta da presente encarnação, a fim de que não venhamos a chorar lágrimas de sangue, se deixarmos de pôr em prática tudo aquilo que já aprendemos.

Assim sendo, é necessário eliminarmos os vícios que ainda alimentamos, sejam eles físicos ou mentais; dedicarmo-nos mais às tarefas que nos competem na seara espírita, procurando servir mais e pedir menos. Mas, principalmente, corrigir nossos defeitos, substituindo-os pelas virtudes que nos conduzirão aos planos felizes da espiritualidade maior.

CORPO MENTAL E SONO

"– Será sono? – perguntou Hilário,
mais novo que eu na vida do além.
Sim – confirmou o instrutor, benevolente –,
na fase em que se encontra, Leonardo subordina-se
a todos os fenômenos da existência vulgar. Não
prescinde, assim, do repouso para refazer-se."

ANDRÉ LUIZ [1]

Conforme nos ensina o Espiritismo, o espírito necessita do corpo perispiritual para agir no mundo espiritual, e do corpo carnal para atuar no mundo material. Mas para unir esses dois corpos (perispiritual e carnal) é necessário o princípio vital, o elo que imanta um corpo ao outro, do mais sutil ao mais denso. Quando o corpo carnal não oferece mais condições, seja devido às doenças ou à velhice, o fluido vital esvai-se, libertando o espírito da prisão carnal. O perispírito, entretanto, continua como envoltório do espírito, identificando-o com as características da vestimenta carnal que ficou na sepultura.

Essas informações são elementares, mas o que alguns ainda não sabem é que, além desses corpos, existe também o corpo mental, conforme nos afirmam André Luiz e algumas filosofias esoteristas.

Para comprovar essa afirmativa, André Luiz [(2)] nos diz que logo após ter iniciado as suas atividades assistenciais num dos hospitais de Nosso Lar, sentiu-se cansado, porque trabalhara além do horário normal, sendo aconselhado a dormir, para refazer as energias despendidas no prolongado horário de serviço.

Ao deitar-se, sentiu-se como se fosse conduzido por um barco, tendo ao leme uma pessoa que se mantinha silenciosa. Ao ancorar o barco em maravilhoso porto, ali se encontrava a sua mãe, aguardando-o carinhosamente.

Ele percebeu que tinha deixado o seu corpo perispiritual no apartamento daquele hospital e que se dirigira para regiões desconhecidas, mas muito belas e acolhedoras. Compreendia, também, que seu barco fizera uma viagem célere e em ascensão.

Para confirmar essa revelação, encontramos no referido livro, mesmo capítulo, a seguinte afirmativa: "...acompanhei-o em espírito, durante a noite..." Essas palavras foram ditas por Laura a André Luiz, pela alegria que este lhe proporcionara por ter iniciado as atividades nos serviços hospitalares. Como o trabalho de André

Luiz se estendera até a madrugada, Laura estava dormindo em sua casa e, em desdobramento, pelo sono, visitou o seu pupilo nas dependências do hospital em que ele se encontrava trabalhando.

A mãe de André Luiz também o visitara, em seu posto de trabalho, sem que este percebesse a sua presença, pois se encontrava em corpo imperceptível ao seu filho, devido às condições inferiores deste. Isso vem comprovar a existência de outros corpos, embora também exista a possibilidade de o espírito alterar a densidade do corpo perispiritual, como também nos ensina o mesmo autor no livro *Libertação*. Isso, porém, não significa que o espírito seja um núcleo envolto por corpos, um se justapondo ao outro, e sim que os mais sutis infiltram-se nos mais grosseiros, para que o espírito possa utilizar-se desses intermediários para atuar no mundo em que esteja vivendo.

A projeção do corpo mental também pode ser feita pelos encarnados, conforme nos ensina Waldo Vieira [3]. E essa projeção pode ser seguida da exteriorização do perispírito, ou seja, projeta-se o corpo mental e em seguida o perispírito se une ao mesmo.

Para se provar a veracidade dessa projeção, o ser projetado constata que não está ligado ao corpo carnal pelo cordão fluídico, que distingue os encarnados dos desencarnados.

O cordão fluídico, também conhecido como cordão umbilical ou cordão de prata, é o que liga o corpo perispiritual ao corpo carnal, não importando a distância que aquele se afaste deste, nos desdobramentos conscientes ou inconscientes.

A projeção mental também é utilizada pelos espíritos mais elevados que se encontram encarnados em mundos inferiores, para visitarem os planos de sua origem, deixando os corpos grosseiros (carnal e perispiritual) que não têm acesso ao plano em questão.

O sono nos mundos espirituais menos elevados é uma forma de descansar o corpo perispiritual, assim como fazemos aqui na Terra com o corpo carnal. O espírito não cansa, porque não é material, mas o perispírito que é material, embora fluídico, necessita de refazimento, em conformidade com a sua densidade. E enquanto o perispírito grosseiro descansa, refazendo-se, o espírito liberto, percorre outras regiões e outros mundos, segundo as suas possibilidades evolutivas, em seu corpo mental.

Bibliografia

1 • *Entre o Céu e a Terra*, André Luiz, cap. 12, Ed. FEB.
2 • *Nosso Lar*, André Luiz, cap. 36, Ed. FEB.
3 • *Projeções da Consciência*, Waldo Vieira, Ed. Lake.

A HIERARQUIA ENTRE OS ESPÍRITOS

Entre os povos primitivos, como entre os animais, a chefia é conquistada pela força. Quem for mais forte, fisicamente, assumirá a liderança de um grupo ou de uma tribo. À medida que o homem vai evoluindo, vai se impondo pela astúcia, pela esperteza. Esse é ainda o meio pelo qual uma pessoa conquista a direção de uma agremiação, de uma coletividade, de uma nação.

Ser astuto nem sempre significa ser mais inteligente ou mais indicado para dirigir o destino de qualquer associação ou país. Atualmente o dinheiro está intimamente ligado ao poder e, quando surge, a moeda pesa nas decisões para a escolha de quem vai presidir uma sociedade, seja ela qual for.

Quais são os predicados exigidos de um espírito para assumir a direção de uma instituição no plano espiritual?

Nas zonas umbralinas mais inferiores, a direção é conquistada por aquele que consegue dominar a plebe por meio da força mental. Nas regiões menos densas, a habilidade e a inteligência são os requisitos que prevalecem para a indicação aos cargos de chefia. Nos planos mais elevados, entretanto, a presidência recai sobre aquele que possui amor e sabedoria.

Como o saber não tem limites, porque só é absoluto o saber de Deus, é óbvio que, à medida que vamos subindo os degraus da escada evolutiva, assumimos mais elevados encargos de direção, até alcançarmos a de prepostos de Deus, ou seja, ministros do Criador.

André Luiz (1) ficou pasmado quando lhe disseram que o espírito de elevada hierarquia, que se materializara no templo que visitara em Nosso Lar, cidade espiritual em que desenvolve o seu trabalho e aprendizado, não tinha ainda alcançado a perfeição absoluta, mas apenas a categoria de mentor da humanidade terrestre. O dirigente dos trabalhos, pacientemente, explicou que o visitante ainda aspirava alcançar um dia a função de representante da Terra junto às gloriosas comunidades que habitam, por exemplo, Júpiter e Saturno. Acrescentou que posteriormente espera fazer parte das assembléias que regem o nosso sistema solar e sucessivamente colaborar com os que dirigem a constelação de Hércules, nossa galáxia e grupos de galáxias etc.

Em se tratando do planeta Terra, que é um dos mais inferiores, ainda não podemos compreender as funções elevadíssimas dos espíritos puros na direção dos destinos das nações e do próprio planeta. Mas sabemos que eles estão no leme deste barco que percorre o imenso oceano do infinito. Mesmo nos momentos cruciais, como o que estamos passando, não devemos nos perturbar com o aparente caos em que estamos mergulhados. Confiemos em nossos protetores, porque depois desta noite trevosa, brilhará a aurora de paz e progresso espiritual. Persistamos no bem e aguardemos, pacientemente e com resignação, pois também somos responsáveis por este estado de coisas.

Em Nosso Lar, existem um governador e diversos ministros. Cada ministério conta com inúmeros trabalhadores, desde os ministros, em número de doze, até o mais humilde servidor. Vemos, portanto, que no plano espiritual, cada criatura será elevada ao cargo para o qual suas aptidões lhe derem condições. Nesses planos não existem apadrinhamentos ou quaisquer facilidades por pertencer a família influente. Somente a capacidade e a moral é que prevalecem para que a pessoa assuma a chefia de qualquer departamento ou cargo de maior responsabilidade.

No plano espiritual os títulos de nobreza, comendas etc. nada significam. O que é da Terra fica na Terra. Ao desencarnar, nos despimos das coisas materiais e levamos apenas as espirituais, sejam boas ou más. Aqui é o laboratório das experiências; lá é a revelação dos resultados dessas experiências.

É natural que as conquistas intelectuais não se conseguem numa ou várias existências, mas sim em dezenas ou centenas de viagens terrenas ou em outros mundos, subindo os degraus do conhecimento, mais ou menos rapidamente, segundo aquilo que fizermos do tempo. E os cargos de direção nas esferas espirituais, com exceção das umbralinas mais densas, são atribuídos aos mais sábios e bons, por conquista natural.

Como seria bom se fosse adotado o mesmo procedimento no mundo dos encarnados! Todavia, devemos compreender que estamos num purgatório, em que o homem é educado pelo próprio homem, conforme determinam as leis divinas.

Bibliografia

1 • *Obreiros da Vida Eterna*, André Luiz, Ed. Feb.

A INFÂNCIA NO PLANO ESPIRITUAL

*"Para os homens da Terra, propriamente considerados, este plano é quase infernal. Se a compaixão humana separa as crianças dos criminosos definidos, que dizer do carinho com que a compaixão celestial vela pelos infantes?"**

ANDRÉ LUIZ (1)

Como vimos pelo texto acima, nas regiões umbralinas mais densas não existem crianças, porque não seria

---

*Sobre este assunto, ver também o livro *Mensagem de Esperança*, cap. 13 ("As crianças no plano espiritual") de autoria de Celso Martins. Veja também *Violetas na Janela*, cap. 10 ("Aprendendo a nutrir-se"), do Espírito Patrícia, psicografado por Vera Lúcia Marinzeck de Carvalho, Petit Editora. (N.E.)

admissível que elas, não estando ainda desenvolvidas física e psiquicamente, fossem conviver com essa turba de desalmados e desprovidos de moralidade, não tendo condições de se defender desse meio agressivo, onde impera a lei do mais forte e não a da justiça.

Se aqui na Terra as crianças são protegidas por leis especiais, porque Deus não iria protegê-las nos planos espirituais, alojando-as em ambientes adequados? Devemos nos lembrar que o desencarne não modifica as pessoas, elas continuarão sendo as mesmas, inclusive no que se refere ao desenvolvimento do corpo físico, embora exista a natural evolução, mas paulatina.

No plano espiritual, portanto, as crianças são internadas em educandários, após passarem pelas enfermarias para a necessária recuperação dos traumas causados pelo desencarne.

No livro *A vida além do véu* (2), o autor espiritual afirma que as pessoas, ao desencarnar, sofrem um processo de desenvolvimento físico, quando jovens, e de rejuvenescimento, quando idosos.

Essa afirmação é confirmada por André Luiz (*E a vida continua*). Há, todavia, pessoas que preferem continuar como velhos, mas sem as deficiências que a velhice impõe aos encarnados.

André Luiz nos ensina que o crescimento mental das crianças desencarnadas é mais ou menos longo, como aqui na Terra. Há crianças, todavia, que demonstram uma vivacidade invulgar. São as exceções à regra (3).

Como dissemos anteriormente, as crianças são encaminhadas aos educandários, onde não só se desenvolvem intelectualmente como também fisicamente, porque o processo de crescimento, em todos os planos, se dá da mesma maneira, com pequenas variações.

No livro *Voltei*, o Irmão Jacob descreve uma cena de grande beleza, quando uma linda criança recepciona, em nome das demais companheiras, uma professora recém-desencarnada. Essa criança comunica-lhe que outra escola, muito mais linda, a espera num parque celestial. Quando a pessoa desempenha amorosamente a sua profissão, continua a exercê-la no plano espiritual, como vimos nesse exemplo [(4)].

Quem cuida de crianças, entretanto, recebe em dobro as horas trabalhadas, conforme ensina André Luiz. E não é somente em educandários que as crianças permanecem, mas também nas residências de parentes ou amigos. Os casos de internamentos são para aquelas, como aqui na Terra, que não possuem familiares em condições de as receberem, seja por estarem em planos inadequados às crianças, seja por não disporem de condições morais para esse fim.

No plano espiritual superior não impera, como aqui, a idéia de posse. Meu filho! Minha esposa! São exclamações que não se justificam, porque na realidade somos todos irmãos, filhos do Criador de todas as coisas. Assim sendo, as crianças ficarão nos educandários ou em residências que ofereçam melhores condições de desenvolvimento, segundo as peculiaridades de cada criança.

Toda proteção que se dá às crianças, no entanto, não as exime de responder pelos crimes que tenham praticado em vidas anteriores, quando atingirem as condições físicas e psíquicas para esse fim, seja no plano espiritual ou quando reencarnarem. Ninguém burla a Lei: o que se planta se colhe, mais cedo ou mais tarde, mas sempre no tempo certo. É o que nos ensina a Doutrina Espírita.

Bibliografia

1 • *Libertação*, André Luiz, págs. 61/62, Ed. Feb.
2 • *A vida além do véu*, George Vale Owen, pág. 66, Ed. Feb.
3 • *Entre a Terra e o Céu*, André Luiz, pág. 181, Ed. Feb.
4 • *Voltei*, Irmão Jacob, pág. 84, Ed. Feb.

ESPÍRITOS BRINCALHÕES

"Nós influenciamos e somos influenciados muito mais do que imaginamos."

ALLAN KARDEC

Quem já não viu ou pelo menos não ouviu falar de pessoas que se divertem à custa de intrigas, lançando uns contra outros ou criando situações lamentáveis? Tais criadores de encrencas tanto podem ser encarnados como desencarnados, destacando-se os espíritos que agem nas casas onde os casais não se entendem ou não procuram ser educados.

E há legiões de infelizes entre nós, dedicando-se a esse triste trabalho de criar embaraços e incutir o ódio e a calúnia, para que haja atritos ou separações de casais. E os zombeteiros contam suas façanhas, procurando sobressair dos demais, relatando suas proezas. E, nas suas andanças de lar em lar ou nos ajuntamentos de pessoas, se dedicam com afinco na condenável tarefa de disseminar a discórdia e a zombaria.

Quando vemos irmãos em conflito, casais que não se entendem ou amigos que se atritam por futilidades, é sinal de que uma turma de brincalhões está em ação, por culpa também da invigilância humana.

Não é de se estranhar que isso aconteça, pois estamos num planeta em que predomina o mal e são poucos os que se dedicam ao bem e ao trabalho, procurando, por meio do estudo e da prática da caridade, alcançar a perfeição. A maioria das pessoas procura se divertir, esquecendo que a Terra não é um local de constante lazer e sim uma escola que exige muita aplicação, para que não passemos pelo vexame da reprovação.

É necessário esclarecer que a atuação dos zombeteiros restringe-se às pessoas que não procuram manter uma mente sadia, maneira segura de se imunizar contra o veneno da discórdia e da falsidade. Se fôssemos videntes, poderíamos ver a chegada dos galhofeiros coincidir com as desavenças das pessoas que se afinam com esses infelizes.

Nós, os espíritas, que já conhecemos as artimanhas dos trevosos, devemos procurar, nos momentos de crise, o antídoto contra esse mal, rogando aos nossos mentores que nos preservem das influências perniciosas dos inimigos da luz, embora saibamos que a melhor fórmula de nos livrar dos bandos do mal é estarmos a serviço do bem, porque as insinuações dos malfeitores somente penetram numa cabeça vazia.

É muito sugestivo o caso da vida de Buda que fala sobre o episódio em que ele meditava sob a fronde de uma grande árvore e não percebeu o assédio dos bandoleiros do além, que investiam sobre ele. Mas esses não conseguiram atingi-lo, pois sua mente estava voltada para o objetivo de encontrar uma solução para os sofrimentos humanos. Aliás, São Francisco de Assis resumiu muito bem essa mensagem, quando disse: "É dando que recebemos..."

MENTORES ESPIRITUAIS

> *"– Os espíritos protetores das massas são de uma natureza mais elevada que a dos que se ligam aos indivíduos?*
> *– Tudo é relativo ao grau de adiantamento, das massas como dos indivíduos."*
>
> *O Livro dos Espíritos*, pergunta 520

Muitos pensam que seu anjo da guarda, ou espírito protetor, é um ser elevadíssimo, um espírito superior. Que presunção! Seria o mesmo que pretendermos que o Ministro da Justiça viesse resolver nossas pequenas intrigas com o vizinho. Para isso existe uma autoridade específica.

Que temos diversos espíritos que se interessam pela nossa proteção e pelo nosso desenvolvimento não resta dúvida, mas que os mesmos sejam de ordem superior é pura vaidade de nossa parte; embora sejam melhores do que nós, pois não se justificaria que um inferior protegesse um superior. Assim sendo, todos nós temos os nossos guardiões, segundo as nossas condições evolutivas.

Entretanto, é necessário lembrar que há uma hierarquia em todos os planos, tendo em vista que, quando o problema escapa à competência do mentor, ele solicita do seu superior a necessária intervenção.

Outro aspecto a ser considerado é o da efetiva e ininterrupta assistência do guardião ao seu pupilo. Quando os espíritos dizem que o anjo guardião se liga ao seu protegido, não significa uma constante assistência, mas sim um compromisso para com aquela criatura, ajudando-a sempre que necessário, seja pela evocação feita pelo tutelado ou pelos vigilantes deste, que são espíritos familiares ou afins. Caso contrário o protetor não disporia de tempo para os estudos (o espírito evolui eternamente) ou para outras tarefas, bem como para o lazer.

Lembremos, também, que temos a companhia que estivermos invocando pelas nossas condições mentais, as quais variam segundo as nossas atitudes. Se estivermos voltados para anseios carnais ou violentos, não poderemos ser ajudados pelos nossos benfeitores, porque, ao afinar-nos com as entidades inferiores, automaticamente estaremos repelindo a sintonia com aqueles que nos querem ajudar.

Coletivamente falando, também existem mentores. O Brasil, por exemplo, está sob o amparo do anjo Ismael.

Há, portanto, individual e coletivamente, proteção espiritual. E acima de todos, para o nosso planeta, o amparo de Jesus, o Cristo, que vela amorosamente por todos nós. Obviamente, o mesmo ocorre com os outros planetas, sóis, galáxias etc. Tudo se encadeia, até alcançar hierarquicamente o Criador. Por conseguinte, o problema dos anjos guardiões é mais complexo do que possamos imaginar, tendo em vista as diferentes atribuições e posições evolutivas de cada tarefeiro.

Outra questão a focalizar é a das evocações aos nossos guias protetores, porquanto a entidade lembrada em nossas rogativas não é necessariamente aquela que irá nos atender, porque nem sempre ela se encontra em condições de nos socorrer, seja por estar ausente (ocupada com outras tarefas) ou por nosso pedido estar acima de suas possibilidades. Nesse caso entrará em ação outro benfeitor, substituindo o evocado. Nos meios espíritas, por exemplo, ocorrem com freqüência evocações ao magnânimo Bezerra de Menezes, e que são atendidas por outros tarefeiros em nome do evocado, porque, para esses abnegados missionários do bem, o que importa é ajudar, sem cogitar agradecimentos.

André Luiz nos fala da prece refletiva, isto é, aquela que é dirigida a um espírito e atendida por outro. No caso dos devotos de algum santo da Igreja Católica, às vezes a quem é dirigida a rogativa talvez nem exista. Léon Denis nos fala a respeito no livro *Joana d'Arc, Médium.*

Kardec nos ensina (*O Livro dos Médiuns*) que o médium que mercantiliza a sua faculdade deixa de contar com a proteção de seu mentor espiritual, até que ele, o médium, se arrependa e volte a trilhar o caminho do bem. Na ausência do mentor, o médium passa a ser envolvido por espíritos brincalhões e obsessores, pois, nas milenares existências, sempre existem alguns inimigos que ainda não lhe perdoaram e estão à espreita de uma oportunidade para vingar-se. E a desforra ocorre quando o médium descamba para o mal.*

*Nesses casos o médium passa a atuar por um processo obsessivo com espíritos infelizes. Conseqüentemente a sua mediunidade fica à mercê de impostores trevosos que de forma inteligente se fazem passar e acabam conhecidos como grandes personagens. Veja, no cap. 27 de *O Evangelho Segundo o Espiritismo*, referência ao assunto. (N.E.)

ESPÍRITOS PUROS

Um dos princípios fundamentais do Espiritismo é a evolução constante de todas as criaturas do universo, desde as mais primárias até o homem.

Entretanto, nem tudo podemos compreender quando se trata daquilo que está além de nosso estado intelectual, embora os espíritos queiram nos ensinar, mas sem resultados positivos devido a nossa ignorância. Alguns insistem e conseguem nos transmitir algumas informações ainda não reveladas.

É o que deduzimos da leitura de uma das mensagens do livro *A crise da morte*, de Ernesto Bozzano, quando uma elevada entidade espiritual tenta nos falar dos espíritos puros, que já se libertaram da forma, emancipando-se da matéria, do espaço e do tempo, tornando-se um centro de irradiação, que está presente em todo o cosmo, abrangendo o passado e o futuro.

Tais espíritos já alcançaram a perfeição e portanto não mais necessitam reencarnar. Assim, deixam de ser "espíritos da erraticidade", como são conhecidos os reencarnantes, pois não mais se apresentam aos videntes sob a identidade desta ou daquela personalidade da História. Como espíritos puros, são apenas uma centelha de luz a irradiar, mas com uma identidade para aqueles que se encontram na mesma faixa evolutiva. Não obstante essa condição, caso queiram, poderão reencarnar como missionários de significativas atribuições de ordem planetária, como tantos que já passaram pela Terra.

Para que alcancemos a perfeição, é evidente que, além do saber e do amor, teremos que nos tornar isentos de todas as paixões e ambições materiais, e para isso teremos que começar a mais difícil de todas as lutas, que é a de eliminar as nossas inclinações rasteiras. Isso representa uma série de renúncias, sacrifícios e abstenções do que ainda nos aprisiona a este vale de lágrimas.

Na realidade, a nossa maior preocupação ainda é alimentar o nosso "ego", que fala muito alto, exigindo satisfações perfeitamente dispensáveis caso fôssemos perfeitos, e que são: gula, lazer e sexo, para citar apenas algumas. Tais exigências ainda nos escravizam, tomando grande parcela de nosso tempo. O aprimoramento moral deve ser acompanhado da elevação intelectual, porque ninguém alça vôo para os planos superiores sem as duas asas: a do amor e a do saber.

Quanto à questão da centelha de luz, ou foco irradiante, temos um exemplo no livro *Voltei*, do Irmão Jacob, ao descrever a presença do iluminado espírito que em sua última reencarnação foi conhecido com o nome de Bittencourt Sampaio. Ele se aproxima do local em que é evocado (no plano espiritual), na forma de cintilante estrela, que se materializa graças ao concurso de cem médiuns que ali se encontram para esse fim. A descrição como estrela é a que mais se aproxima de um foco radiante, daí a comparação.

Bezerra de Menezes é outro espírito que já poderia estar nessa faixa evolutiva, mas renunciou a esse plano de luz, porque preferiu ficar mais diretamente em contato com os milhões de sofredores que a ele recorrem. Daí se manter com o corpo perispiritual ainda denso, a fim de estar junto aos que imploram a sua presença nos momentos de angústia e desespero, o que ainda perdurará por algum tempo, enquanto a Terra for planeta de provas e expiações.

Conforme Yvonne Pereira, dos espíritos que se comunicam com os encarnados deste mundo, Bezerra de Menezes e Emmanuel são os mais evoluídos.

Que nós possamos abreviar a nossa estada nesta escola primária que é a Terra, ingressando nos cursos superiores da espiritualidade, onde poderemos aproveitar o tempo mais amplamente, é o que desejamos; e isso conseguiremos se formos autênticos discípulos de Jesus.

NOSSA SEMELHANÇA COM DEUS

"...que em nós traduzem a personalidade divina com que o Criador Supremo nos dotou, ao nos criar à sua gloriosa imagem e semelhança..."

YVONNE PEREIRA (1)

O homem foi criado por Deus à sua imagem e semelhança, conforme a afirmação evangélica, constantemente citada; daí muitos retratarem Deus como um velhinho de longas barbas brancas, assentado num trono luxuoso, com aquela postura majestosa, a legislar sobre todo o universo.

Essa imagem antropomórfica reduziria a grandeza do Criador às condições humanas, o que é inconcebível.

Essa circunstância lhe tiraria um dos seus atributos, o de ser onipresente. E Ele é onipresente porque "a natureza inteira está mergulhada no fluido divino" (2). E como "Estamos n'Ele, como Ele está em nós", segundo as palavras do Cristo (3), Deus por meio desse fluido inteligente (4), como nos assegura Kardec, toma conhecimento de tudo o que ocorre no cosmo infinito.

É por isso que se diz desnecessário orar em voz alta, para melhor sermos ouvidos pelo Criador, pois Ele está conosco, tomando conhecimento de tudo o que nos acontece e fazemos; basta, portanto, pedirmos mentalmente para sermos atendidos, se tivermos méritos.

A semelhança é de ordem espiritual, porque "Deus é espírito" (5) e sendo o espírito luz, conforme a definição da obra básica do Espiritismo, questão 88, é nessa particularidade que somos semelhantes a Deus: somos luz. E sendo o espírito um ser inteligente, é nesse aspecto que também nos assemelhamos com Deus. Semelhantes e não iguais, porque Deus é imutável, enquanto nós somos evolutivos.

Com respeito ao fluido divino que tudo envolve e interpenetra, André Luiz afirma que "tudo está mergulhado na substância viva da mente de Deus" (6), o que é uma nova conceituação, mas que na essência vem confirmar o que foi acima mencionado, como também encontramos esse entendimento no livro de Ernesto Bozzano (7), que analisa as mensagens dos espíritos Imperator e Stafford, tendo como médiuns Stainton Moses e Elisabeth d'Espérance, respectivamente.

Há, portanto, outros autores confirmando que Deus, pelo fluido, tudo vê, tudo sabe e em tudo participa. O próprio Jesus afirmou que não cai uma folha de uma árvore sem que Deus não saiba.

Kardec, em *A Gênese* [(8)], esclarece que sua dissertação "não passa de uma comparação, própria, porém, a dar uma idéia mais exata de Deus do que as estampas que o representam como figura humana. Tem por objeto fazer compreender a possibilidade que pertence a Deus de ser onipresente e de tudo se ocupar". Não se trata, portanto, de materializar Deus e sim dar uma imagem mais sensata de Deus.

Aliás, essa tese é baseada numa mensagem do espírito Quinemant, dada na Sociedade Parisiense de Estudos Espíritas, da qual Kardec era Presidente, em 1867.

Temos aí alguns esclarecimentos, não só de Kardec como de outros autores, a respeito da nossa semelhança com Deus, nosso verdadeiro Pai, porque somos Sua criação (o espírito é criado por Deus), enquanto o nosso corpo carnal é gerado por nossos pais consangüíneos [(9)], como fizeram tantos outros, em nossa milenar trajetória por este e outros mundos, sem contar nossa passagem por outros corpos inferiores ao de aspecto humano.

Bibliografia

1 • *Devassando o invisível*, Yvonne Pereira, pág. 197, Ed. Feb.
2 • *A Gênese*, Allan Kardec, cap. 2, item 24.

3 • Idem.
4 • Idem, cap. 2, item 22.
5 • Evangelista João, 4.24.
6 • *Nos domínios da mediunidade*, André Luiz, pág. 15.
7 • *Enigmas da psicometria*, Ernesto Bozzano, págs. 109/110.
8 • *A Gênese*, Allan Kardec, cap. 2, item 25.
9 • *O Evangelho Segundo o Espiritismo*, Allan Kardec, cap. 14, item 8.

IDENTIDADE DOS ESPÍRITOS

Conforme consta de *O Livro dos Médiuns*, cap. 24, a questão da identidade dos espíritos que se comunicam nas denominadas sessões práticas de Espiritismo é uma das mais difíceis de provar, porque não podemos exigir deles a cédula de identidade.

Nem mesmo um vidente pode ter a certeza de que o espírito comunicante é aquele que se apresenta com os caracteres fisionômicos conhecidos pelo vidente, pois o espírito, manipulando os fluidos perispiríticos, pode modificá-los conforme seus desejos, embora tais condições sejam transitórias. Assim sendo, o que interessa para o dirigente dos trabalhos é o conteúdo da mensagem transmitida, seja por via psicofônica ou psicográfica.

Mas será que mesmo nas mensagens há uma garantia de não estarmos sendo enganados, já que o espírito pode usar de um linguajar de fundo moral, falando em Deus, caridade e em tudo que não contrarie os princípios cristãos e no entanto tratar-se de um fascinador que esteja nos preparando uma cilada?

Kardec nos ensina que um espírito inferior, embora seja instruído, nunca poderá nos enganar todo o tempo, porquanto mais cedo ou mais tarde ele se denunciará, caindo em alguma falha. Porque a encenação nunca é a realidade e portanto não poderá ser interpretada todo o tempo sem nenhum erro, por pequeno que seja. O importante é que o dirigente analise as mensagens com todo o rigor e, toda vez que houver qualquer dúvida, questione o comunicante. Se for um mistificador, ele não suportará o exame e se denunciará, irritando-se.

Quais são as características de uma mensagem proveniente de um espírito superior? Em tese são as seguintes: não profetizar acontecimentos com data determinada; não dizer futilidades; ser sucinto e objetivo; tratar principalmente de assuntos instrutivos; não se apresentar com nomes bizarros; jamais utilizar vocabulário agressivo ou obsceno.

Um espírito superior, em vez de ficar contrariado, incentiva os dirigentes a que façam perguntas e exponham suas dúvidas a respeito do que está sendo tratado.

Eis aqui algumas das observações relacionadas por Kardec nas dezenove páginas do capítulo mencionado e que nos dão orientações seguras para não sermos enganados pelos mistificadores; principalmente aquela de que devemos estar sempre alertas e analisar com rigor todas as comunicações, mesmo que sejam dos guias protetores. Os nomes veneráveis que possam ser usados também são motivos para ficarmos atentos, para não cairmos nas possíveis armadilhas, pois os espíritos superiores não se preocupam com os nomes que tiveram na Terra e quase sempre preferem conservar-se anônimos, utilizando pseudônimos, tais como: um espírito amigo, um protetor etc.

Vemos, por essas orientações das obras básicas, que o importante são os ensinos transmitidos e não o nome do autor.

Vejamos ainda outro assunto correlato. É sobre a idade física dos desencarnados.

Uma das questões não muito comentadas nos meios espíritas é a idade dos espíritos, quanto ao que eles representam fisicamente. O que acontece com uma criança ao desencarnar? Essas dúvidas existem igualmente quanto à velhice. Será que um velho ficará sempre como ancião ou remoçará, para ter uma melhor apresentação física?

A literatura espírita nos fala a respeito, dizendo-nos que o corpo perispiritual é modificado conforme a vontade do espírito, pois se trata de um corpo fluídico, portanto passível de modificações. Mas tais alterações dependem das condições evolutivas do espírito, pois uma pessoa ignorante e sem orientação de seus superiores, por falta de méritos, desconhecerá a possibilidade de se libertar das aparências físicas desagradáveis que ainda possui.

Geralmente a meia-idade é a mais procurada, embora existam espíritos elevados que prefiram apresentar-se como velhos; mas ainda vigorosos, lúcidos, imponentes, que impressionam pela aparência patriarcal. Outros preferem fixar-se na aparência física que possuíam na encarnação em que mais alegria tiveram.

Entretanto, nada é fixo nesse campo, pois o espírito poderá apresentar-se em outras ocasiões com fisionomia diferente. Emmanuel identifica-se mais comumente como Públius Lentulus, mas também se mostra como Padre Manoel da Nóbrega ou Padre Damiano, ou ainda como Nestório. É possível que ele tenha outro aspecto fisionômico no plano espiritual, muito mais formoso, pois o espírito, quanto mais evolui, mais belo será, em virtude da própria condição que atingiu.

André Luiz fala-nos de uma senhora que, ao tornar-se visível a um obsessor, este se ajoelha perante ela, julgando estar na presença da mãe de Jesus, tal a beleza angelical que sua fisionomia denotava. O mesmo André Luiz nos fala também em seu livro *E a vida continua* que um senhor se tornou mais jovem, enquanto sua companheira envelheceu, a fim de tornarem-se de mesma idade física, evitando assim a desigualdade indesejável no caso de espíritos afins que desejam viver em comum.

Temos no livro *A nova revelação*, de Conan Doyle, a informação de que a maioria dos espíritos procura exibir-se com uma aparência de idade mediana, desde que possuam essas possibilidades, porquanto essa aparência não é tão jovem que represente imaturidade, nem tão velha que signifique senilidade. É a idade do equilíbrio e da responsabilidade.

Quanto às crianças, elas vão amadurecendo normalmente, com exceção dos espíritos mais evoluídos, que podem alterar sua condição física no momento que quiserem, porquanto se emancipam rapidamente de todos os problemas materiais, embora esses casos sejam raros, porque um espírito elevado não reencarna para ficar poucos anos na carne.

Em síntese, portanto, os corpos perispirituais são modificáveis ao bel-prazer dos espíritos, desde que eles possuam essas condições. Caso contrário, vão apresentar-se como eram na última encarnação, com suas idades e suas deficiências físicas, até que possam libertar-se desses problemas e exibir-se na idade ideal, adquirindo cada vez mais aquelas condições deslumbrantes que caracterizam os espíritos superiores, quanto à beleza e à respeitabilidade, impossível de descrever. O vocabulário das criaturas encarnadas é pobre para falar das coisas dos planos superiores.

SEXO, AMOR E CASAMENTO NA VIDA ESPIRITUAL

> *"Lascínia e eu fundaremos aqui, dentro em breve, nossa casinha de felicidade, crendo que voltaremos à Terra precisamente daqui a uns trinta anos."*
>
> ANDRÉ LUIZ (1)

O desencarne não altera o nosso modo de proceder; continuaremos ainda presos aos nossos costumes e às nossas necessidades, sejam eles de ordem física ou mental. Assim sendo, prosseguiremos a comer, a beber, a nos divertir, a trabalhar, a estudar, a noivar, a casar etc. E não poderia ser de outra maneira, pois continuaremos com um corpo físico, embora fluídico, mas com todas as necessidades que um corpo exige, variando conforme o estado evolutivo de cada criatura. Aliás, aqui na Terra acontece o mesmo, pois quanto mais atrasados, mais grosseiros são os seus desejos. Há, no entanto, aqueles que conseguem abster-se de muitas coisas ainda indispensáveis para a maioria, tais como tomar bebidas alcoólicas, fumar, jogar, entre outras coisas.

No filme *Irmão Sol, Irmã Lua,* São Francisco de Assis, vendo que um de seus discípulos não conseguia manter-se casto, autorizou-o a casar-se, dizendo-lhe que era melhor casar-se do que viver abrasado pelos desejos sexuais. Então, no plano espiritual acontece o mesmo, mas em escala maior, dada as condições da população espiritual que não está presa aos preconceitos da sociedade terrena. Dessa maneira, lá também há namoro, casamento e relações sexuais sem compromissos matrimoniais, embora não exista procriação, que só ocorre com os encarnados.* E isso não só é admitido pelos espíritas como também pelas filosofias esoteristas, quando falam, inclusive, sobre os íncubos e súcubos, espíritos masculinos e femininos, respectivamente, que mantêm relações sexuais com os encarnados, e isso não é ficção, mas uma verdade comprovada. Essas entidades demoníacas, de acordo com algumas religiões, são espíritos inferiores,

*O autor se refere aos estágios umbralinos em que os espíritos estão ainda impregnados dos ódios, dos vícios e das emoções da vida material que tinham quando encarnados e dos quais se libertarão em estágios mais avançados, a que todos estamos destinados. (N.E.)

conforme a Doutrina Espírita. André Luiz também fala sobre esse assunto no livro *E a vida continua.*

As relações sexuais entre os espíritos inferiores são comprovadas, porque a maioria dos encarnados já teve essas experiências durante o sono. E, se a união sexual ocorreu durante o sono, é natural que tenha sido com uma pessoa que também estava em desdobramento pelo sono, ou então com algum desencarnado. Aliás, as tentações nesse campo são um problema seriíssimo, mesmo para aqueles que saem em desdobramento consciente, conforme nos alerta Waldo Vieira, em seu livro *Projeções da Consciência.* R. A. Ranieri, em seu livro *O sexo além da morte*, também trata desse tema (2).

Quanto ao noivado, André Luiz ensina que nos planos espirituais, mais precisamente na cidade espiritual Nosso Lar, ele é muito mais belo, pois naquela cidade, em se tratando de criaturas mais espiritualizadas, elas não estão presas às convenções sociais de qualquer natureza, porquanto lá, realmente, o que une as pessoas é o amor sem qualquer interesse de ordem material.

O amor nas esferas espirituais mais elevadas é algo sublime, que está acima dos desejos sexuais, pois os pares se atraem por algo indefinível, que poderíamos denominar amor, na falta de outro termo, que é o alimento das almas. Por isso as pessoas que vivem sozinhas são tristes e propensas ao suicídio, porque lhes falta o que é mais importante para o ser humano, o amor. Essas separações se dão, seja por expiação ou provas, até que um dia haja a esperada união. Sem o amor não teríamos existência, segundo André Luiz. E esse alimento, que não é do corpo e sim da alma, também se encontra nas espécies inferiores, inclusive nos vermes. E sendo da alma e não do corpo, não é estranho que os espíritos se amem e se unam, embora disponham apenas do corpo perispiritual para atuarem no plano físico, bastante sutil se comparado com o corpo carnal.

Quando falamos em união entre espíritos superiores, devemos entender que se trata de atração de um espírito para outro, como se fosse um imã e não como vulgarmente se entende. Allan Kardec [(3)] diz que os espíritos não têm sexo, podendo reencarnar como homem ou mulher, em conformidade com as necessidades de aprendizado. E na pergunta 200, a resposta é que os espíritos não têm sexo como nós entendemos, isto é, segundo a condição orgânica. Acrescenta que há entre os espíritos amor e simpatia, mas baseados na afinidade de sentimentos.

André Luiz [(4)] afirma que "a sede do sexo não se acha no corpo grosseiro, mas na alma, em sua sublime organização". Declara ainda que, nas regiões mais altas, a feminilidade e a masculinidade constituem características das almas acentuadamente passivas ou francamente ativas. Afirma ainda que, um dia, quando ganharmos todas as aquisições, atingiremos o equilíbrio em Deus. E quando atingirmos essa situação, de estarmos em harmonia com Deus, alcançaremos a condição crística de plenitude em todos os sentidos. O eterno êxtase, mas ativo.

Bibliografia

1 • *Nosso Lar*, André Luiz.
2 • *Projeções da consciência*, Waldo Vieira.
O sexo além da morte, R. A. Ranieri.
3 • *O Livro dos Espíritos*, Allan Kardec, pergunta 202.
4 • *No mundo maior*, André Luiz, pág. 156.

COMO SE TRAJAM OS ESPÍRITOS

"Os espíritos operam na formação das vestes, costumes e adornos, agindo sobre os fluidos e emprestando-lhes formas e propriedades adequadas ao fim que tenham em vista."

LÉON DENIS (1)

Muitos supõem que a vida espiritual é bem pobre no tocante à matéria-prima para a feitura dos objetos e utensílios de que necessitam, porquanto somente dispõem dos fluidos para esse fim, enquanto aqui temos o mineral, o vegetal e até o animal, sem falar dos produtos sintéticos. No entanto, se conhecêssemos as incalculáveis possibilidades que nos oferecem os fluidos, jamais pensaríamos dessa maneira.

Devemos nos lembrar de que a matéria tangível de que dispomos também tem sua origem nos fluidos cósmicos, tendo em vista que a Terra é um produto deles. Assim sendo, vemos que os fluidos nos oferecem mais recursos, em virtude de sua maleabilidade e de suas possibilidades sem conta.

Sendo os fluidos um campo inesgotável de recursos, o que não acontece com as nossas limitações terrenas, concluímos que, em termos de comparação, somos tão pobres que nem devemos pensar em fazer essas reflexões. Entretanto, não devemos nos entristecer, porque na realidade aqui é apenas um pouso temporário, assim como uma estação na interminável viagem em direção ao infinito.

Mas de que se fazem as vestes no mundo espiritual? Pelo que vimos anteriormente, a resposta já foi dada no tocante à matéria-prima, faltando apenas esclarecer quanto ao feitio, cuja mão-de-obra é apenas mental. Assim como aqui usamos as mãos para exercer as nossas atividades produtivas, no plano espiritual usa-se apenas o pensamento como ferramenta criadora. Assim sendo, os nossos trajes são produzidos pelos próprios pensamentos, muitas vezes até inconscientemente, porque as nossas próprias condições espirituais mecanicamente constroem aquilo que é objeto de nossas preocupações. É o que acontece, na maioria das vezes, quando os espíritos se apresentam aos videntes com a roupagem de que eles mais gostavam quando encarnados.

Entretanto, há um limite aos nossos desejos, porque jamais um espírito inferior poderia vestir uma túnica brilhante, porquanto a beleza e a resplandecência das vestes é uma condição inerente ao estado evolutivo do usuário. Assim sendo, os espíritos malfeitores se trajam com farrapos imundos, condição representativa da miséria humana em que se encontram, porque eles não possuem condições de substituir as vestes andrajosas, em virtude de elas nada mais serem do que criações de cada indivíduo, isto é, cada um é o próprio autor de suas roupas.

Yvonne Pereira (2) nos fala que os iniciados hindus, entre eles os seus protetores, usam uniformes característicos, com o indispensável turbante e a respectiva pedra preciosa, bem como um anel de rara beleza. Afirma, ainda, que Bezerra de Menezes quase sempre se apresenta envergando longa túnica vaporosa, nívea, cintilante, levemente suavizada de azul. Às vezes se mostra trajando avental de médico, com barrete, demonstrando o seu grande amor à profissão que exerceu durante sua vida terrena e que continua exercendo com muito amor em sua atual condição de desencarnado.

A mesma autora afirmou que, entre os espíritos mais bem trajados que até então havia tido a felicidade de ver, se destacavam Charles, seu protetor, que se apresenta em trajes de iniciado hindu, tendo-se mostrado, uma vez, em trajes de príncipe indiano, porque no século dezessete fora soberano na Índia; e "Frederico Chopin, que já variou a indumentária quatro vezes em suas aparições, deixando-se perceber, em duas delas, apuradamente trajado à moda da sua época (reinado de Luís Felipe, na França), mas todo envolto num luar azul translúcido, como neblina".

No livro *A vida além do véu* [3] do reverendo George Vale Owen, sua mãe, descrevendo os costumes do plano espiritual, fala de sua visita aos domínios do Príncipe Castrel, em elevada região espiritual, dizendo que essa entidade "...vestia uma túnica cor de creme, descida quase até os joelhos; trazia as pernas e braços nus e vinha sem sandálias. Usava um largo cordão de ouro, em cujo centro e extremidades se encravavam três grandes pedras azuis. Cingia-lhe a cintura um cinto metálico, em que se fundiam a prata e um metal cor-de-rosa. Estes característicos e outros mais denunciavam a sua alta categoria".

Em *A vida nos mundos invisíveis* [4], de Anthony Borgia, bem como em *Viagem astral*, de Mme. Ernest Bosc [5], também há farta citação de tais trajes, dando-nos assim uma prova de que no plano espiritual as pessoas demonstram bom gosto pelo que usam, confirmando que o belo é cultuado em todos os planos.

André Luiz também faz uma bonita descrição desse tipo referindo-se ao instrutor Eusébio, quando este se apresenta com uma túnica esmeraldina brilhante, de extrema beleza. O detalhe que se destaca em quase todas essas descrições é o de que os espíritos mais evoluídos apresentam-se trajados de túnicas resplandecentes, variando as cores, mas predominando o azul.

Cultuar o belo não significa vaidade, conforme ficou demonstrado pelas diversas citações de trajes e enfeites de que se servem os espíritos, pois eles não caem no ridículo dos excessos, assim como vemos entre nós, quando alguém se exibe de forma a parecer um bazar ambulante, dando uma demonstração de mau gosto, que significa inferioridade. Isso não ocorre com os espíritos superiores, que primam pela simplicidade, sem contudo excluir a riqueza de que se constituem os seus trajes.

Bibliografia

1 • *No invisível*, Léon Denis.
2 • *Devassando o invisível*, Yvonne Pereira.
3 • *A vida além do véu*, George Vale Owen, pág. 128.
4 • *A vida nos mundos invisíveis*, Anthony Borgia.
5 • *Viagem astral*, Mme. Ernest Bosc.

AS ATIVIDADES DOS ESPÍRITOS

Segundo nos ensinam os mestres, podemos avaliar a evolução das pessoas pela atividade que desempenham: quanto mais se dedicam ao trabalho, mais elevadas são. A indolência é uma peculiaridade dos espíritos primitivos, o que é evidente. E essa verdade é válida também para os desencarnados, porque o revestimento do corpo não modifica as pessoas.

Muitos podem estranhar que os espíritos trabalhem, porque estão presos à idéia de que o trabalho está intimamente ligado às necessidades da sobrevivência física e ao conforto que o dinheiro, obtido pelo trabalho, possa lhes proporcionar. Ignoram que o trabalho é uma necessidade, como o alimento que sacia e o ar que se respira. Um prisioneiro que não possa fazer nada para ocupar o tempo morrerá ou enlouquecerá de tédio.

Um dos maiores castigos é privar um trabalhador de desempenhar qualquer atividade. O ócio, por paradoxal que pareça, cansa.

Aquele conceito que tínhamos, quando desconhecíamos o Espiritismo, de que ao morrermos iríamos para o céu ou para o inferno (no primeiro caso, para ficarmos eternamente louvando a Deus e, no segundo, para sermos lançados nos caldeirões fumegantes), deixou de existir. Hoje sabemos que os espíritos estão em constante atividade, desempenhando as mais variadas funções, com um campo de trabalho muito mais amplo do que o dos encarnados.

Ao lermos os livros que descrevem a vida espiritual, verificamos com que amor esses trabalhadores do Senhor se dedicam ao trabalho e ao estudo, unindo a prática à teoria. E os serviços são os mais variados possíveis, pois, assim como aqui, lá também há inumeráveis tarefas a desempenhar, no campo da produção de bens, da pesquisa, das artes, do ensino, da cura, da programação de reencarnes, do atendimento aos desencarnados etc.

Embora lá também existam preguiçosos, porque também o eram aqui – devemos admitir que em percentual muito elevado, pois vivemos num mundo de expiações e provas –, não devemos esquecer que estamos marchando em busca da perfeição, e que somente a atingiremos por meio do trabalho e do estudo, que nos enobrecem e instruem.

As atividades dos espíritos não se limitam aos planos espirituais; abrangem também a humanidade reencarnada e os demais seres da criação. Aqui vivem na abençoada missão de proteger-nos, inspirar-nos e consolar-nos, desde que mereçamos essa assistência. É sem conta o número de pessoas que afirmaram que tiveram ajuda para solucionar os seus problemas, seja de ordem física ou psíquica, bem como no campo das artes e das pesquisas. Esses benfeitores espirituais são conhecidos por muitos nomes: anjos guardiões, guias protetores, mentores espirituais etc.

É impossível entender a magnitude dos trabalhos que os espíritos realizam, porque eles vão desde um passe (para nós imperceptível, mas que opera "milagres") até a função de dirigir os destinos das galáxias, conforme nos ensina André Luiz.

Muitos encarnados já nos disseram que achavam cansativo ficar eternamente trabalhando, sem nunca poder aposentar-se e viver a "doce vida". Essas pessoas já nasceram cansadas, no dizer popular. Aqui mesmo, no corpo carnal, muitas criaturas abnegadas desencarnam em avançada idade, sem nunca deixar de trabalhar. São aqueles que morrem em plena atividade, afirmando que quem não trabalha não tem direito à vida.

O trabalho é cansativo para quem o executa contra sua vontade, por necessidade financeira, mas não para aquele que o faz por amor, com prazer, e vê que ele beneficia uma coletividade.

O cansaço é natural para o corpo físico, mas para os espíritos mais elevados isso não acontece, pois a fadiga para eles não existe, porque dispõem de um corpo mais sutil. E como as atividades mais importantes são de ordem mental, como a de comandar uma falange de subordinados, é evidente que se limitam a tomar decisões que serão executadas pelos subalternos, não estando sujeitos (tal como entendemos) ao cansaço.

Deus trabalha ininterruptamente desde toda a eternidade. Se um dia Ele deixasse de agir, tudo deixaria de existir, porque tudo depende de Sua existência vivificante.

O CASAMENTO ENTRE OS ESPÍRITOS

Se já tivemos muitas reencarnações, como fica a situação conjugal das pessoas que vivem no mundo espiritual, perante os parceiros de anteriores existências terrenas?

Em primeiro lugar devemos lembrar que não nos encontraremos com todas as pessoas com quem já tivemos experiências conjugais, pelos seguintes motivos:

a) nem todos irão para o mesmo plano em que nos encontramos, devido ao estado evolutivo de cada pessoa;
b) a maioria poderá estar encarnada, neste ou em outros mundos.

Em segundo lugar devemos considerar a questão da afinidade. Nós nos aproximamos da pessoa com quem temos mais simpatia, mais afetividade.

Quanto às outras, com as quais já tivemos um relacionamento conjugal, elas naturalmente estarão vivendo com aquelas que lhes são afins, porque a maioria dos casamentos é de expiações e provas, de conveniência ou acidental. Aliás, como diz André Luiz, "O maior número de casais humanos é constituído de verdadeiros forçados, sob algemas" (1).

Tendo em vista a nossa condição de espíritos imperfeitos, já cometemos muitos desatinos no campo da sedução, daí nos aprisionarmos a certos compromissos reparativos, que nem sempre levamos a bom termo.

No plano espiritual, entretanto, os casamentos convencionais mudam de parceiros, cada um procurando aquele que lhe é mais simpático, mais afim. É por isso que não há problemas de poligamia, a não ser com os infelizes das regiões inferiores.

André Luiz nos conta (2) ainda o caso de Tobias e suas duas ex-mulheres de sua última encarnação, Hilda e Luciana, com esta em segundas núpcias. Tobias, ao desencarnar, foi acolhido por Hilda, sua primeira esposa. Luciana, ao morrer, foi recebida fraternalmente pelo casal Tobias/Hilda, que a assistiu até que ela reencarnasse e casasse com a pessoa afim, que a precedera no reencarne em alguns anos. Nesse fato, vemos que o segundo casamento de Tobias, com Luciana, não representou nenhum problema para o trio, embora os três tenham estado sob o mesmo teto por algum tempo, porque Luciana reconheceu que Hilda e Tobias se amavam e que seu companheiro de anteriores existências terrenas estava reencarnado, aguardando-a para uma nova vida em comum. O seu casamento com Tobias, porque este enviuvara, foi apenas de ordem material e não por afinidade.

No mundo espiritual, portanto, os problemas são mais bem compreendidos e solucionados, desde que se trate de criaturas moralizadas. Nas cidades espirituais mais felizes, a realização dos casamentos se dá entre os espíritos simpáticos, desde que ambos se encontrem no mesmo plano. Caso contrário, aquele que estiver desencarnado deverá aguardar o regresso do companheiro que estiver encarnado. Pode ocorrer também que o espírito que se encontre em plano inferior ao do seu companheiro seja visitado por este, como é o caso de Alfredo e Ismália, mencionado por André Luiz [(3)].

Essa separação domiciliar permanecerá até que haja permissão para a vivência em comum. O mesmo pode acontecer entre encarnado e desencarnado, em que, pelo sono (desdobramento inconsciente), o encarnado se encontre com o desencarnado, matando as saudades da separação [(4)]. Acontece o mesmo no caso do desdobramento consciente. Enfim, as separações dos espíritos afins são transitórias, variando o tempo das mesmas segundo as condições espirituais de cada pessoa.

O amor, na realidade, está além das atrações físicas. É mais puro entre os espíritos que já superaram as necessidades sexuais, porque pairam no campo dos ideais superiores. As afeições desses espíritos são inalteráveis, porque não estão ocultas pela máscara da hipocrisia. "O amor que os une é para eles a fonte de uma suprema felicidade" (5). Enquanto não alcançarmos essa faixa evolutiva, somos dominados pelo instinto animal da caça ao sexo oposto, de satisfação passageira. E essa condição não é apenas dos encarnados, mas também dos desencarnados. Ambos estão submetidos às exigências fisiológicas de seus corpos materiais, sejam carnais ou perispirituais.

Bibliografia

1 • *NOSSO LAR*, ANDRÉ LUIZ, CAP. 20.
2 • IDEM, CAP. 38.
3 • *OS MENSAGEIROS*, ANDRÉ LUIZ, CAP. 17.
4 • IDEM, CAP. 37
5 • *O LIVRO DOS ESPÍRITOS*, ALLAN KARDEC, PERGUNTA 296.

COMO SE PROCESSA A REENCARNAÇÃO

"Desde que o perispírito possui o poder de organizar a matéria, é a ele que atribuímos essa função para explicar a formação do embrião e do feto."

GABRIEL DELANNE [1]

Muitos leitores já ouviram falar sobre a reencarnação, um dos princípios básicos do Espiritismo; mas poucos são os que se dedicam ao estudo sobre tão importante assunto, motivo pelo qual vamos focalizá-lo neste capítulo.

André Luiz [2] nos fala detalhadamente sobre esse tema desde o encontro do pretendente ao reencarne com os seus futuros pais, durante o sono, até a ligação perispiritual com o óvulo fecundado.

Como ele nos ensina, cada reencarnação tem suas características próprias, não havendo, portanto, dois renascimentos exatamente iguais, embora em suas linhas gerais a técnica seja a mesma.

Como é do conhecimento dos que estudam o Espiritismo, os espíritos construtores somente entram em ação algumas horas após o ato sexual, pois a intimidade do casal é sagrada – desde que sejam criaturas moralizadas –, tendo em vista que os espermatozóides, aos milhões, avançam vagarosamente pelos condutos naturais em busca do óvulo, numa velocidade de um minuto para cada três milímetros percorridos. O responsável pela reencarnação ativa magneticamente o elemento escolhido e ele tomará a dianteira e atingirá, como um projétil, o óvulo, que se assemelha a uma esfera de açúcar, amido e proteínas. Ao ser dilacerado pela cutícula espermática, o óvulo se enrijece, cerrando os poros tenuíssimos, impedindo a intromissão de qualquer outro dos competidores. Após esse lance, o elemento vitorioso prossegue a caminhada até o núcleo, o que levará de quatro a cinco minutos.

O reencarnante, já em sua forma perispiritual reduzida às dimensões de uma criança, devido ao influxo magnético dos construtores espirituais, é recebido pela futura mãe, que o retém amorosamente sobre o peito, interpenetrando-lhe o corpo perispirítico, graças a um processo de união magnética.

O organismo materno fornecerá todo o alimento para a organização do corpo físico, que vai desenvolvendo-se e reproduzindo, em síntese, durante os primeiros meses de gestação, todos os degraus da série zoológica, repetindo num curso rápido as etapas vencidas e estacionando na posição em que deve prosseguir no aprendizado. Essa tese também é defendida por Gabriel Delanne, em seu livro *A reencarnação*. Diz André Luiz: “Na organização fetal, o patrimônio sangüíneo é uma dádiva do organismo materno”.

À medida que o feto se desenvolve, mais prisioneiro fica o reencarnante de seu corpo em formação, acentuando-se o estado perturbativo que se iniciou antes de sua imersão na carne.

Como o renascimento significa uma espécie de “morte” no plano espiritual, pois, à medida que se intensificam as operações magnéticas de redução do corpo perispiritual às dimensões de uma criança, o espírito vai tornando-se cada vez mais inconsciente; seu olhar fica vago, menos lúcido; como se alheando do mundo em que se encontra.

A maioria é conduzida ao ventre materno como crianças adormecidas.

Um detalhe interessante é o do ajustamento do espírito sobre o óvulo já fecundado, que a partir desse momento começa a movimentar-se, recebendo a ação vigorosa do modelo, que é o perispírito reencarnante.

Embora a ligação perispiritual com o feto, por meio do fluido vital, se torne cada vez mais acentuada, ela impede que o espírito abandone o corpo, rompendo os compromissos assumidos. Isso, porém, representa um verdadeiro suicídio, pelo qual o responsável terá de pagar. O feto, nesse caso, será expelido naturalmente. Há casos, entretanto, em que o embrião se desenvolve normalmente, sem que tenha um espírito que o anime, e nasce morto. São os denominados natimortos, que frustram os anseios dos pais, punindo-os pelos erros do passado, porque não souberam valorizar a vida. Os que frustram serão frustrados, essa é a lei.

Bibliografia

1 • *A reencarnação*, Gabriel Delanne, pág. 295, Ed. Feb.
2 • *Missionários da luz*, André Luiz, cap. 13, Ed. Feb.

RELACIONAMENTO ENCARNADOS/DESENCARNADOS

Pelo que nos informam os espíritos, o relacionamento entre os encarnados e os desencarnados durante o sono é maior do que imaginamos. Como retemos na memória pouquíssima coisa daquilo que ouvimos ou presenciamos pelo sonho, deixamos de avaliar a extensão dos acontecimentos e das informações que recebemos e transmitimos.

Muita coisa acontece nesses encontros noturnos, em que matamos as saudades das pessoas queridas, que vivem na outra dimensão da vida, sejam elas parentes ou amigos, desta ou de outras jornadas terrenas, embora não as conheçamos na condição física em que se apresentam, porque se mostram com vestimentas físicas utilizadas em outras encarnações, com as quais tivemos um bom convívio, mas das quais nosso cérebro não possui registro, daí estranharmos que ao acordarmos não as reconheçamos. Como também encontramos pessoas que nos causam antipatia e até repulsa, porque ainda não aprendemos a perdoar e tentar uma reconciliação.

André Luiz nos fala da alegria e da tristeza que sentimos ao acordar, devido a esses encontros durante o sono, ocasiões em que prometemos cumprir determinados compromissos, seguir certas diretrizes ou executar determinadas tarefas. Realmente, coisas grandiosas ou desastrosas acontecem resultantes desses reencontros periódicos nos desdobramentos inconscientes, denominados sonhos.

Sucedem-se casos inusitados, como aquele relatado por André Luiz [(1)], em que duas senhoras, uma encarnada, outra desencarnada, estavam conversando sobre os planos de vingança que a desencarnada pretendia executar por intermédio da amiga encarnada, que a ouvia e que se achava como que fascinada pela obsessora, aceitando como sensatos os motivos que a interlocutora apresentava para levar a efeito o funesto plano. Diz André Luiz que são milhões de casos que acontecem diariamente devido a esses encontros durante o sono, em que 75% da população de um dos hemisférios da Terra visitam os seus afins do plano espiritual.

Um outro caso muito significativo é o da moça pobre cujo pretendente não dispunha de recursos para casar-se, por não ter um emprego firme e bem remunerado, e que o instrutor de André Luiz, pretendendo colaborar na reencarnação de um inimigo da citada moça, por seu intermédio, durante o sono expõe à jovem a importância da reconciliação pela aceitação de seu desafeto como filho. A moça concordava com essa aproximação, mas alegava que seria impossível devido às dificuldades financeiras, tendo o mencionado instrutor prometido que esse obstáculo seria removido, pois o almejado emprego seria conseguido.

Kardec nos assegura que influenciamos e somos influenciados muito mais do que supomos. Nesses reencontros entre os encarnados e os desencarnados, seja aqui mesmo na Terra ou nos planos espirituais, tudo pode acontecer, com amigos ou inimigos.

Grande parte da população espiritual vive aqui conosco, preocupada com os nossos problemas ou procurando nos prejudicar, seja por vingança ou inveja. E quando cai o manto negro da noite e os encarnados, pelo sono, entram em contato com os seus amigos ou inimigos, as coisas mais incríveis podem acontecer: pessoas amadas que se reencontram; amigos que se confraternizam; acordos que se estabelecem; compromissos que se assumem; paixões desvairadas que explodem; inimigos que se combatem etc. Realmente, é um entrechocar de sentimentos variadíssimos, resultando fatos extraordinários.

Dizem os espíritos que muitos missionários concordam em aceitar determinadas missões, porque contam com esses encontros noturnos, não só para receber orientação como também encorajamento. Pelo sono eles visitam os seus amigos e mentores espirituais, dos quais recolhem forças e estímulo para prosseguir em sua tarefa benemérita.

Essa é mais uma forma com que Deus, na sua infinita sabedoria e amor, assiste os seus filhos em sua caminhada na busca da perfeição.

Bibliografia

1 • *Libertação*, André Luiz, cap. 6, Ed. Feb.

FRONTEIRAS DOS PLANOS ESPIRITUAIS

"Um facho de luz sublime varreu o céu, não longe, indicando uma ponte cuja extensão não pude, no momento, precisar."

IRMÃO JACOB [1]

O plano espiritual é cheio de surpresas, seja quanto aos seus habitantes, seja quanto às coisas que passamos a conhecer. Os livros psicografados nos revelam um mundo fantástico, embora existam muitas coisas que se assemelham às que conhecemos aqui na Terra. Entre elas uma nos chamou a atenção no livro *Viagem astral*, de Mme. Ernest Bosc [2] que se refere a uma ponte que demarcava dois planos espirituais, que podíamos denominar divisa da sombra e da luz. Achamos estranho, nessa ocasião, que no mundo espiritual existisse a necessidade de uma ponte para atravessar um abismo que delimitasse duas regiões espirituais. Isso, porém, deixou de ser absurdo a partir do livro *Voltei*, publicado em 1948 e que nos fala de uma ponte com essa finalidade, confirmando as afirmações daquele livro, escrito em 1896.

Há outra coincidência de detalhes: a de que tanto um livro como outro assegura que há seres inferiores que vigiam a ponte de acesso ao plano de luz, para impedir que espíritos ainda não bem preparados psicológica e moralmente atravessem essa ponte. Para facilitar a sua localização aos caminheiros que se encontram nas proximidades, devido ao denso nevoeiro que envolve essa região, a ponte é iluminada por potente holofote.

Para evitar contratempos é que existem os chefes de expedições que conduzem os recém-desencarnados em busca dos planos mais adiantados. No caso mencionado por Irmão Jacob, Bezerra de Menezes é que chefiava a expedição pelos estranhos caminhos umbralinos, cheios de dificuldades, até os locais com os quais os viajantes se afinassem, conforme os seus estados evolutivos. Embora exista um distanciamento geográfico, deve se levar em conta que há também faixas que se mesclam, apesar de não compreendermos bem essa condição aparentemente ilógica, isto é, viajar de uma faixa vibratória para outra sem se distanciar geograficamente.

Como a existência das regiões umbralinas se deve à nossa inferioridade, porque projetamos no espaço as criações mentais enfermiças e desequilibrantes, é natural que as zonas purgatoriais se encontrem próximas da Terra. É evidente que a maior contribuição para esse estado de coisas se deve aos próprios espíritos sofredores que aí vivem os seus tormentos. Quanto à questão das faixas que se superpõem, umas às outras, elas devem ser entendidas em dois sentidos: em distanciamento e em outras dimensões vibratórias que nos escapam à compreensão, por enquanto.

André Luiz nos fala que os espíritos utilizam-se de caminhos diferentes em suas viagens entre as esferas superiores e a Terra, que habitamos, dependendo das conveniências, seja para estudo desses locais, pela rapidez ou por necessidades outras, como nos casos das caravanas de recém-libertos da carne ou de socorro aos que se encontram nos umbrais. É por isso que muitas vezes André Luiz fala de espíritos superiores que atendem às evocações instantaneamente.

Quando se trata de caravanas socorristas que adentram as regiões mais densas do umbral, inclusive a abismal (subterrânea), os caravaneiros contam com animais, veículos e até pássaros devoradores de miasmas expelidos pelos espíritos inferiores. Nas cidades espirituais, como Nosso Lar, os espíritos utilizam-se de aérobus, nome das naves aéreas, bem como da levitação.

Vemos, portanto, que a exemplo do que acontece aqui na Terra, em que temos vias pavimentadas e picadas nas florestas, lá também existem facilidades, como a levitação, ou obstáculos de todos os tipos imagináveis.

Que possamos exercitar, cada vez mais, o nosso poder mental, que é o motor que nos fará levitar mais facilmente, seja nos planos espirituais mais densos ou nos mais sutis, a fim de que não venhamos a causar tanto trabalho aos nossos mentores quando fizermos a nossa grande viagem, ao deixar o corpo carnal.

Bibliografia

1 • *Voltei,* Irmão Jacob, Chico Xavier, pág. 77, Ed. Feb., publicado em 1948.

2 • *Viagem astral,* Mme. Ernest Bosc, Ed. Pensamento, escrito em 1896.

AS MARAVILHAS DOS PLANOS ESPIRITUAIS

"Nas extremidades do Campo de Música, temos certas manifestações que atendem ao gosto pessoal de cada grupo dos que ainda não podem entender a arte sublime; mas, no centro, temos a música universal e divina, arte santificada, por excelência."

ANDRÉ LUIZ [1]

No livro *A vida nos mundos invisíveis*, do Monsenhor Benson [2], há informações interessantes a respeito da cidade espiritual em que ele foi viver ao desencarnar. Essas revelações, embora muitas desse teor já tenham sido divulgadas por outros espíritos, principalmente André Luiz, são importantes, porque revelam outras facetas da vida espiritual.

Monsenhor Benson diz que, ao ser conduzido pelo seu protetor espiritual ao plano que merecera, já havia uma casa à sua disposição, com jardim e pomar. Mas a melhor surpresa foi a de encontrar uma biblioteca semelhante à que tivera quando encarnado, na qual havia também os livros de sua autoria. Biblioteca essa com livros não sujeitos à ação deterioradora do tempo ou do manuseio, sendo, portanto, duradouros, salvo se o seu proprietário quiser eliminá-los. Diante desses informes, vimos que existem nos planos espirituais todos os livros que já foram escritos na Terra, mesmo os mais antigos, como os que foram destruídos no incêndio da Biblioteca de Alexandria. E os felizes habitantes dessas regiões espirituais elevadas poderão se beneficiar da leitura desses livros, no seu texto original, sem os inconvenientes das alterações que as editoras possam fazer nas reedições que surjam no futuro, como pode ocorrer com as do plano material.

Como seria admirável ler os livros de Pitágoras, Platão, Confúcio e tantos outros grandes missionários, livres das alterações; ler os Evangelhos como foram escritos pelos discípulos de Jesus. Mas, principalmente, conhecer as revelações dos planos maiores e que ainda não foram divulgadas neste mundo, por não estarmos ainda preparados para as mesmas.

Não é somente no campo da Literatura que poderemos nos beneficiar quando tivermos condições de alcançar esses planos de luz, mas também nos demais setores do conhecimento humano.

André Luiz nos fala, em um de seus livros, de instrumentos musicais desconhecidos na Terra, que possibilitam transmitir a verdadeira harmonia celestial. Sons que extasiam aqueles que têm a ventura de ouvi-los. As pinturas atingem um grau de perfeição que dão vida às cenas ou aos personagens apresentados, em virtude das cores e das dimensões em que são produzidos. É um mundo de beleza e de luz que ultrapassa a tudo que possamos imaginar.

No mencionado livro *A vida nos mundos invisíveis*, o autor nos fala das frutas que desmancham na boca, e mesmo que algum líquido escorra pelo queixo não suja, pois se evapora, voltando ao fluido cósmico. As águas dos rios são de uma temperatura agradável e revigorante (saturadas de magnetismo), que restabelecem as energias dos recém-chegados àquele plano. As pessoas banham-se em suas águas sem despir-se, pois ao saírem do rio ficam enxutas.

Realmente, há planos maravilhosos na vida espiritual, que transmitem alegria pelo bem-estar que proporcionam, que parecem inacreditáveis, mas que de fato existem. Muitos poderão rir de tais descrições, alegando que se trata de mistificação. Para esses lembraremos a história do peixinho vermelho, escrita por Emmanuel, constante do prefácio do livro *Libertação* (3), de André Luiz. Todos acharam que o peixinho vermelho estava louco quando ele quis, num gesto de bondade, falar aos seus antigos colegas do lado em que vivera da grandeza e beleza do imenso mar, refúgio seguro e rico que os esperava, caso quisessem fazer algum sacrifício para alcançá-lo. Todos riram desmedidamente daquele que julgavam estar delirando, como riem os materialistas ao ouvir alguém falar da vida nos planos espirituais.

Bibliografia

1 • *Nosso Lar*, André Luiz, pág. 250, Ed. Feb.

2 • *A vida nos mundos invisíveis*, Monsenhor Benson, psicografado por Anthony Borgia, Ed. Pensamento.

3 • *Libertação*, André Luiz, Ed. Feb.

LUZ ESPIRITUAL

Nem sempre as pessoas que freqüentam as reuniões de estudos espíritas perguntam sobre questões relacionadas com o tema em debate; às vezes ocorrem as mais estranhas perguntas, como por exemplo: se os espíritos que vivem nas regiões abismais não recebem a luz do sol nem dispõem de nenhum instrumento de iluminação, como é que eles fazem para ver, para saber onde se encontram?

Como os espíritos não vêem pelos olhos nem ouvem pelos ouvidos, mas por todo o corpo perispiritual, não é de admirar que a visão e a audição sejam por outros meios, e não pelos quais normalmente utilizamos aqui na Terra. Os espíritos não enxergam através das paredes? Os videntes também não conseguem o mesmo resultado?

Os espíritos nos ensinam que os fluidos são os condutores do pensamento. Se os espíritos inferiores transformam regiões iluminadas pelo Sol em densas trevas, porque eles também não podem ver por onde caminham, embora as sombras envolvam os planos em que vivem? Temos que compreender que a visão espiritual independe da luz material. A percepção se dá por meio dos fluidos que estão por toda parte do universo e que estão imantados magneticamente, propiciando uma luminosidade não relacionada com a luz solar ou artificial. Essa percepção não é imaginária e sim real, e disso temos um exemplo aqui na Terra, com as aves e os animais que descobrem suas presas nas noites mais escuras. É porque eles vêem onde outros nada conseguem. Não existem peixes que enxergam nas profundezas dos oceanos, onde a luz não consegue chegar?

Em *O Livro dos Espíritos*, item 58, o responsável pela resposta diz que, nos mundos mais afastados do Sol, a eletricidade desempenha um papel desconhecido para nós, bem mais importante que aquele que nos cabe na Terra, mesmo porque cada espécie de ser vive de maneira diferente, possuindo, portanto, recursos que ainda desconhecemos. As auroras boreais não iluminam as noites polares? Assim também os espíritos, mesmo os mais atrasados, não estão abandonados pela bondade divina, que os ampara amorosamente, mesmo aqueles que se encontram nas regiões subterrâneas.

É natural que os espíritos inferiores sejam míopes, comparados com os espíritos superiores, não conseguindo desfrutar das imensas possibilidades de visão de que estes dispõem. Entretanto, todos vivem e sobrevivem, não importa onde se encontrem, seja nos planos umbralinos ou nas zonas abismais.

Em síntese, a luz solar pode iluminar determinadas regiões, mas a luz que predomina nos planos espirituais é a que procede dos próprios fluidos, segundo as possibilidades de percepção de cada espírito. Assim como existem os linces, também existem as toupeiras, cada espécie com sua possibilidade de visão.

REGIÕES ABISMAIS

"Não estamos contemplando senão a superfície de trevosos cárceres a se confundirem com os precipícios subcrostais."

ANDRÉ LUIZ [1]

Vários livros mencionam as regiões subterrâneas, dentre eles *O abismo,* de R. A. Ranieri; *Nas fronteiras da loucura*, de Manoel P. de Miranda; *Memórias de um suicida*, de Camilo Castelo Branco; e *Libertação*, de André Luiz. E todos são unânimes em afirmar que essas regiões purgatoriais são as mais terríveis que conheceram.

André Luiz confessa que seria difícil acreditar que esses antros de sofrimentos pudessem existir. Somente vendo essas cavernas lodosas e nauseantes e ouvindo a gritaria ensurdecedora daqueles que ali se acham enclausurados, pois não conseguem se libertar das mesmas, é que se pode avaliar a angústia e o desespero em que se encontram. Nesse ambiente de denso nevoeiro em que mal se distinguem os detalhes e as dimensões dessas zonas abismais é que podemos avaliar a magnitude desses locais de purgação. Diz-se abismal, em vista do despenhadeiro em que fica essa coletividade de sofredores. Tais abismos assemelham-se a imensas crateras de vulcões vivos, onde a gritaria ensurdecedora e ininterrupta é de enlouquecer qualquer um, mesmo os mais fortes e equilibrados.

Conforme nos afirmam os autores mencionados, as zonas subterrâneas, como o próprio nome indica, localizam-se nas profundezas da Terra, no subsolo. Isso seria inacreditável, se tais revelações não fossem psicografadas por médiuns de inteira confiança, como Chico Xavier, Divaldo Franco e Yvonne Pereira.

Essas aglomerações de seres humanos vivendo no subsolo, deixam de ser absurdas, se nos lembrarmos de que para os espíritos a matéria grosseira, que é a terra, não oferece nenhum obstáculo para a sua travessia, pois, conforme nos ensina a Doutrina Espírita, para os corpos fluídicos, a nossa matéria não opõe nenhuma resistência. É uma questão de consistência.

Muitos ovóides acompanham os seus inimigos em suas purgações nas cavernas abismais, assim como também sozinhos, durante centenas e até milhares de anos. São espíritos que degeneram o corpo perispiritual, pelo ódio exagerado. A destruição do corpo perispiritual é uma verdade insofismável devido aos testemunhos de espíritos de comprovada idoneidade.

Manoel P. de Miranda, relatando uma missão socorrista a uma zona abismal, localizada no subsolo de uma grande cidade brasileira, narra que ela fica sob a área de uma penitenciária e da faixa de prostituição mais horrorosa dessa cidade. Ao se aproximar da mesma, descreve que ela desaparecia, coberta por poderosa sobreposição de faixas vibratórias, em que estas anulavam as físicas.

Antes, porém, de atingir o abismo, percorrera longo caminho, onde de quando em quando surgiam sombras humanas que se asfixiavam no pântano, levantando-se, a gritar, para logo desaparecer no lamaçal podre.

Ao atingir o abismo, onde não havia luz de qualquer espécie e onde a esperança parecia não existir, os missionários lançaram as redes luminosas para que os que desejassem deixar aquele atoleiro imundo agarrassem as mesmas, mas apenas os de boas intenções conseguiam segurá-las, enquanto os de condições psíquicas negativas esforçavam-se em vão para agarrá-las, porque as redes diluíam-se ao contato de suas mãos.

A gritaria que partia daqueles despenhadeiros misturava-se com latidos e uivos animalescos daquela multidão de reclusos, que eram chicoteados, fortemente, pelos seus verdugos. Um ar pestilento envolvia toda aquela região de indescritível sofrimento. As palavras jamais poderão traduzir a realidade daquele inferno, como era denominada a região por aqueles que ali viviam (2).

Vemos, por estas breves anotações, o quão importante é tomarmos conhecimento de tão significativo assunto, pois ele nos demonstra a importância do perdão, da bondade e de tudo aquilo que o Mestre Jesus nos ensinou, como forma de encontrarmos a verdadeira felicidade, e não a passageira, que procuramos nas coisas materiais, muitas vezes lançando mão de expedientes escusos, que nos causarão sofrimentos inenarráveis.

Não é sem motivo que os benfeitores espirituais não se cansam de nos enviar mensagens orientadoras, incentivando-nos para a luta contra o nosso maior inimigo, que são os nossos vícios físicos e mentais, bem como contra a maior chaga da sociedade, que é o egoísmo.

Quem deixar de seguir essas recomendações, cair nas tentações dos prazeres inferiores e empolgar-se com as conquistas dos tesouros perecíveis possivelmente passará pelas tristes experiências dos que se encontram nas regiões abismais.

Bibliografia

1 • *Libertação*, André Luiz, pág. 93, Ed. Feb.
2 • *Nas fronteiras da loucura*, Manoel P. de Miranda / Divaldo Franco, cap. 22.

O INFERNO

Os homens de todos os tempos sempre acreditaram que seriam felizes ou infelizes quando desencarnassem, segundo o bem ou o mal que tivessem feito neste mundo. Essa felicidade ou infelicidade que esperavam era, entretanto, em conformidade com os reflexos dos sentimentos que neles predominavam. Dessa forma os guerreiros ficavam felizes com as honrarias tributadas à bravura; os caçadores, na abundância da caça; os sensuais nos prazeres da voluptuosidade; tudo em conformidade com o quadro material que alimentavam.

Sendo ainda bastante atrasados, eles criaram um inferno material, mas em grau superlativo, exagerado. Assim é que, nas regiões quentes, imaginaram um inferno de fogo e, nas regiões frias, um inferno de gelo.

O inferno dos pagãos, baseado no fogo material, por representar os mais cruéis sofrimentos, foi ultrapassado pelo inferno cristão, cujas caldeiras ferventes eram inspecionadas pelos anjos, para verem as contorções dos condenados, enquanto, no caso dos pagãos, Plutão apenas se limitava a governar tal região, desincumbindo-se da missão que lhe fora confiada. Satanás, no entanto, procura recrutar mais vítimas por toda parte e alegra-se ao vê-las atormentadas por legiões de demônios armados de tridentes para revolvê-las nas chamas.

De acordo com esses cristãos, o céu está localizado em regiões superiores e o inferno, obviamente, situa-se em regiões inferiores, nas profundezas da Terra, para as quais, segundo acreditam, certas cavernas servem de entrada.

Jesus, devido à ignorância do povo de então, preferiu abster-se de falar sobre tais recompensas ou castigos, deixando ao tempo o trabalho de corrigir tais erros. Limitou-se a falar das bem-aventuranças, bem como dos castigos que esperavam os culpados. Mas em parte alguma, nos seus ensinos, encontra-se o quadro dos suplícios corporais que os cristãos transformaram em artigo de fé.

Acreditando apenas em duas regiões, a dos eleitos e a dos condenados, não admitem a possibilidade de evolução, porquanto os condenados ao inferno jamais alcançarão o céu; condições definitivas para estes e aqueles, excluindo-se a região intermediária, que é a purgatorial.

Não admitindo a reencarnação, acreditam que as crianças são conduzidas ao limbo*, onde não sofrem e

---

*Limbo: lugar onde, conforme a teologia católica, se encontram as almas das crianças muito novas que, embora não tenham tido alguma culpa pessoal, morreram sem o batismo que as livraria do pecado original.

nem gozam de felicidade, pois uma criança, não tendo praticado o mal nem o bem, não poderá ser enviada ao inferno ou ao céu [(1)]. Tal condição também é a dos selvagens, porque não receberam a graça do batismo e das luzes da religião, pecando, portanto, por ignorância.

Essa é a conceituação de algumas religiões cristãs; quanto ao Espiritismo, ele nos ensina que o inferno não é um local de eterno suplício, mas uma condição temporária; variando esse estágio de sofrimento, de acordo com as condições mentais que estivermos vivendo. A pessoa será socorrida quando deixar de revoltar-se e quando se predispuser, mentalmente, ao socorro. O arrependimento não nos livra de, um dia, repararmos nossas faltas, mas nos propicia o amparo de nossos benfeitores espirituais.

Ensina-nos, ainda, que a real purgação ou catarse processa-se quando estamos encarnados. Basta olhar os nossos irmãos encarcerados, hospitalizados, aleijados e famintos, para termos uma visão do purgatório. É evidente que certas regiões umbralinas também funcionam como purgatório, preparando os espíritos para serem recolhidos aos hospitais das zonas mais felizes, a exemplo das cidades espirituais Nosso Lar, Esperança etc., tendo em vista que, se assim não fosse, tais pessoas causariam desequilíbrios nos locais em que estivessem recolhidas.

André Luiz nos esclarece, com sabedoria, a respeito, mostrando que não se podem recolher esses desequilibrados enquanto eles não estiverem em condições, porque do contrário seria o mesmo que alojarmos delinqüentes em nossos lares. O bom senso nos diz que isso é uma imprudência; entretanto, a misericórdia divina está pronta a ajudar a todos aqueles que se dispuserem a dar o primeiro passo na senda do bem, libertando-os do "inferno", ou seja, da região abismal ou subterrânea, como é denominada pelos espíritas.

Bibliografia

1 • *O Céu e o Inferno*, Allan Kardec.

CIDADE SOMBRIA

"Mutilados às centenas, aleijados de todos os matizes, entidades visceralmente desequilibradas, ofereciam-nos paisagens de arrepiar."

André Luiz (1)

No livro *Libertação*, André Luiz nos fala de uma cidade dos planos inferiores onde o panorama é um dos mais desagradáveis, seja pelo local e a população, seja pela fauna e a flora. São descrições que nos causam medo e tristeza, tal é a situação dessa coletividade de sofredores.

A cidade está envolta em denso nevoeiro, em terreno acidentado, e o casario paupérrimo, decadente e sórdido, com exceção do templo e dos palácios do pessoal administrativo, que ficam num pequeno planalto, onde há ruas e praças bem cuidadas, cheias de gente e carros puxados por escravos e animais.

Tanto os seres humanos e subumanos como a flora e a fauna causam piedade, tal é a degeneração em que se encontram. No ar, aquela sensação de insegurança, pela presença daquelas fisionomias criminosas. Pigmeus aos bandos perambulam pelas ruelas, como que impulsionados por uma força estranha, que os move de um local para outro, sem destino.

A ociosidade é a nota dominante. Multidões de seres subumanos são utilizadas para os serviços mais rudimentares, como trabalhadores de poucas possibilidades, em regime de escravidão. Para completar esse quadro entristecedor, essa população se traja com roupas imundas e fétidas. Entre os dirigentes predomina a roupa de cor vermelha muito viva, escarlate, simbolizando bem o estado de agressividade que lhes é peculiar.

Tudo é de causar pena, inclusive a flora, porque até as plantas são desagradáveis ao olhar; mas o que mais amedronta é a grande quantidade de animais monstruosos que se movimentam a esmo, como duendes.

Nessa cidade purgatorial, 95% da população se dedica ao mal e à desarmonia, não existindo crianças, como se Deus quisesse poupá-las de lugar tão desolador e inseguro.

Os 5% restantes são constituídos de missionários do bem, em abnegado serviço de auxiliar aqueles que demonstrem arrependimento e propensão para a reforma íntima. Trabalham anonimamente, para não despertar revolta por parte dos senhores da colônia.

Essa população de estropiados e malfeitores, escravos e carrascos, vive sob severa vigilância de um policiamento de pessoas de semblante feroz, mais parecendo felinos à procura de uma presa. Todos, entretanto, não passam de instrumentos da Justiça Divina, que utiliza o homem para corrigir o homem.

A alimentação se dá pela vampirização dos fluidos dos encarnados que se afinam com as paixões rasteiras, que têm as energias sugadas como que por lampreias insaciáveis. Essa cidade fica nas proximidades da superfície terrestre.

O plano espiritual é um mundo de infinitas situações, em conformidade com as condições morais e intelectuais de sua população, que se agrupa por afinidade; mas, como aqui, lá também existem os que governam e os que são governados, segundo a condição intelectual que alcançaram.

O importante dessa lição é que ela nos adverte para o perigo do envolvimento com essa coletividade de vampiros, que está bem próxima de nós, à procura daqueles que se afinem com as sensações inferiores, para se imantarem aos mesmos.

Como dizem os benfeitores espirituais, cada pessoa tem a companhia que deseja, segundo suas inclinações. E diante dessa advertência, não podemos alegar ignorância se formos conduzidos a cidades dos planos inferiores ao desencarnar. Vigiemos, portanto, as nossas tendências, para que não desembarquemos nessas regiões de terríveis sofrimentos.

Bibliografia

1 • *Libertação*, André Luiz, cap. 4, pág. 57, Ed. Feb.

FOGO PURIFICADOR

"À distância de muitos quilômetros, víamos os clarões da fogueira ateada pelas faíscas elétricas na desolada região."

ANDRÉ LUIZ [(1)]

Muitos relatos históricos, filosóficos ou religiosos são levados à conta de fantasias, atribuídas aos literatos que dão asas aos seus sonhos e visões, mirabolantes na maioria das vezes. No entanto, muitas dessas presumíveis ficções, tornam-se realidade, comprovadas que são pela tecnologia ou pelo testemunho idôneo de espíritos superiores, quando se trata de questões espirituais.

É por isso que Kardec não critica os livros considerados por muitos como fantasiosos, como a Bíblia, no caso da criação do mundo em seis dias.

"Devemos concluir então que a Bíblia é um erro? Não; mas que os homens se enganaram na sua interpretação." (2)

O codificador interpreta essa afirmação bíblica como alegórica, atribuindo, a cada um desses dias, períodos de muitas centenas de milhares de anos.

A *Divina comédia*, de Dante Alighieri, o pai da poesia italiana (1265–1321), considerada uma das melhores obras da literatura mundial de todos os tempos, orgulho da latinidade, também é enquadrada entre os livros de ficção, embora suas referências sobre o céu, o purgatório e o inferno sejam aceitas por muitos seguidores do Cristianismo.

Nesse livro, o autor fala que os condenados às penas do inferno são lançados em fogueiras que ardem eternamente sem destruir os corpos, sem falar de outros tipos de suplícios. Esse aparente absurdo, chamas que queimam sem destruir os corpos, também foi ridicularizado por seguidores de algumas filosofias; no entanto, André Luiz nos fala sobre o fogo higienizador, que desencadeia enormes fogueiras que desintegram os miasmas deletérios das zonas tenebrosas, criadas pelas mentes doentes de milhões de espíritos dessas regiões, locais em que eles vivem dias ou milênios. Mas, conforme nos diz esse mestre espiritual, essas labaredas envolvem a turba* desarvorada das regiões inferiores, causando-lhe sofrimentos horríveis, sem,

*Turba: multidão em desordem.

no entanto, ocasionar-lhe a morte, pois o espírito é indestrutível.

Tanto isso é verdade que esses espíritos tentaram assaltar o posto de socorro dessa região, para se defenderem do fogo que se aproximava, mas seus intentos foram frustrados, devido às barreiras magnéticas que defendiam essa instituição socorrista. Só eram amparados os que demonstravam condições de ser internados, o que se constatava pela irradiação do corpo perispiritual, característica segura para esse tipo de identificação. Senão, seria o caos dentro da instituição.

Para escapar do fogo purificador, a Casa de Fabiano (como é denominada), no seu conjunto, foi transferida para um local inacessível a esse fogo, em regiões mais elevadas, e posteriormente retornou à região para a qual ela fora criada.

Vemos, por essas revelações espíritas, que nem tudo é inverossímil nas afirmações dogmáticas de algumas religiões, apenas os detalhes. Por exemplo, o Espiritismo também admite os sofrimentos dos espíritos que perambulam nas regiões umbralinas mais densas e abismais (subterrâneas), conforme nos fala Manoel P. de Miranda em *Nas fronteiras da loucura*, psicografado por Divaldo Pereira Franco; só que não eternamente, mas sim transitoriamente, enquanto perdurarem o ódio e as paixões inferiores, o que pode durar dias ou milênios, repetimos. O socorro virá quando o sofredor arrepender-se dos males praticados e demonstrar sincera disposição para repará-los, o que modifica o seu padrão vibratório. A condição mental identifica-o com a luz ou com as trevas, de acordo com a irradiação do corpo perispiritual.

É bom lembrar que o inferno admitido por algumas crenças cristãs, não é de sua invenção, mas cópia exagerada (em muitos sentidos), do inferno pagão, conforme consta do livro *O Céu e o Inferno* (3).

Pelo que foi exposto, é necessário que iniciemos a nossa transformação moral para não sermos surpreendidos nessas regiões purgatoriais sem a roupagem de amianto de nossas transformações morais, até que possamos ingressar nos planos maiores. Esse ingresso ocorrerá mais cedo ou mais tarde, de acordo com as nossas disposições de vencer as nossas paixões inferiores e nos dedicar às conquistas morais e intelectuais.

Bibliografia

1 • *Obreiros da vida eterna*, André Luiz, cap. 10, pág. 161, Ed. Feb.

2 • *O Livro dos Espíritos*, Allan Kardec, pergunta 59.

3 • *O Céu e o Inferno*, Allan Kardec, cap. 4.

TRIBUNAIS ESPIRITUAIS

"– Oh! – exclamei em voz sussurrante. – Por que motivo confere o Senhor atribuições de julgadores a espíritos despóticos? Por que estará a justiça, nesta cidade estranha, em mãos de príncipes diabólicos?"

ANDRÉ LUIZ [1]

É costumeiro ouvir, nos meios espíritas, dizer que o tribunal que temos que enfrentar é o da consciência, o que é verdade; mas também existe nas regiões umbralinas mais densas, como aqui na Terra, um tribunal presidido por um juiz que julga os infratores da Lei, os quais não dispõem de advogado de defesa, porque os réus nada podem esconder ou inventar, pois se apresentam tais como são, já que o perispírito é um livro aberto aos juízes desses tribunais.

É por isso que não devemos criticar as religiões que falam que ao morrermos enfrentaremos o tribunal que nos condenará ao inferno, se aqui na Terra tivemos uma vida de libertinagem, roubo, assassinatos e outros crimes.

Cada criatura terá, inevitavelmente, a punição que merece, segundo o crime que cometeu. É natural que isso aconteça, porquanto nós iremos para o plano espiritual que merecermos. E se formos criminosos, seja qual for o crime, é natural irmos para os planos inferiores, onde existem espíritos que exercem esse mister e que, inconscientemente, estão a serviço de Deus, porquanto "o mau só pode ser corrigido pelo mau", conforme nos ensina André Luiz (2) quando descreve uma sessão de tribunal numa cidade dessas regiões purgatoriais, com riqueza de detalhes.

A cerimônia inicia-se com a entrada dos juízes, assentados em andores conduzidos por dignitários precedidos por funcionários rigorosamente trajados à moda dos oficiais-carrascos da Roma Antiga, carregando a simbólica machadinha (fasces) ao ombro, ladeados por servidores diversos, ao som do rufar dos tambores.

Os juízes assentam-se no local apropriado e um deles abre os trabalhos com uma preleção, em que afirma que eles (juízes) não punem e nem recompensam, pois cada um já se condenou ou recebeu a recompensa de si mesmo. Que a função dos juízes é a de selecionar e aplicar as penas ou absolver em lugar e tempo justos.

Materializam-se três entidades espirituais (seletores), uma das quais porta pequeno instrumento cristalino, que registra as condições morais de cada criatura e transmite os resultados aos seus auxiliares, que os anotam em folha de papel. Nesse momento muitos procuram justificar-se, querendo inocentar-se, no que são desmascarados, porque o aparelho os retrata com fidelidade, revelando-lhes os crimes e as fraquezas que ainda alimentam. Realmente ninguém poderá enganar nem escapar da Justiça, por meio de nenhum expediente, como acontece aqui na Terra.

No desenrolar do julgamento, cenas dramáticas ocorrem, como a de uma senhora que, ao ser chamada pelo juiz, aproxima-se dele e tenta inocentar-se, mas como vê que é impossível mentir acaba confessando que matou quatro filhinhos e o esposo. O juiz, então, diz: "Como libertar semelhante fera humana ao preço de rogativas e lágrimas? Não passa de uma loba, de uma loba, de uma loba..." Ao serem pronunciadas essas palavras, a infeliz foi alterando a fisionomia, até assemelhar-se ao animal evocado: "Entortou-se a boca, o pescoço curvou-se, espontâneo, para a frente, os olhos alteraram-se dentro das órbitas. Simiesca expressão revestiu-lhe o rosto". Sob poderosa ação hipnótica o corpo perispiritual da ré obedeceu à ordem do terrível juiz.

Outro que fora localizado no grupo dos sovinas, explica ao seletor (o operador do instrumento de captação mental) que não fora um usuário e sim um estudioso, cuja vida transcorrera entre livros e a pesquisa científica, sendo esclarecido que o homem que ajunta letras e livros, teorias e valores científicos, sem distribuí-los em benefício dos outros, é igual ao que amontoa moedas e objetos preciosos, sem ajudar a ninguém. A sentença é a mesma.

Uma pessoa que fora considerada caluniadora, porque se achava nesse grupo, exclama revoltada:

– Fui honrado, bom chefe de família, honesto e digno, por que estou entre os infelizes?

– Porque você inventou enfermidades para conseguir aposentadoria indevida – respondeu o seletor –, utilizando-se de funcionários subornáveis, obtendo descanso remunerado, durante quarenta anos de sua existência terrestre, não fazendo outra coisa que dormir e conversar sem proveito.

E o chefe do trio de seletores, que identificava os diversos grupos de pessoas, por afinidades de viciações e crimes, foi adiante em sua tarefa de desmascarar os que julgavam poder escapar das punições que lhes eram impostas.

Findos os serviços, a cerimônia foi encerrada com a mesma imponência com que se iniciara, sob a angústia e o desespero daqueles que foram punidos por esse estranho tribunal das esferas inferiores do mundo espiritual.

Quem escapa da Justiça da Terra, não escapará da Justiça no plano espiritual, que não se deixa envolver pelo prestígio e pela verborragia daqueles que foram poderosos na Terra. Lá ninguém poderá esconder os crimes praticados, pois eles se apresentam ostensivamente em sua vestimenta perispiritual, como um livro aberto.

Bibliografia

1 • *LIBERTAÇÃO*, ANDRÉ LUIZ, CAP. 5, PÁG. 67, ED. FEB.

2 • IDEM, CAP. 1, PÁG. 23.

JUSTIÇA DIVINA

"A liberdade é do tamanho da responsabilidade."

EMMANUEL

Umas das preocupações dos recém-desencarnados que ainda não se livraram das concepções religiosas que admitem julgamentos no tribunal divino, como acontece nos tribunais da Terra, é a angústia em ver que o tempo passa e não são intimidados para o julgamento. Eles ficam ansiosos à espera da sentença condenatória, porque todos, indistintamente, cometeram alguma falta grave. No entanto, nem um oficial de justiça lhes visita nem tampouco ouvem quem lhes fale sobre isso. Essa impaciência vai aumentando, aumentando, até que eles resolvem perguntar aos seus mentores a respeito da demora do julgamento, e ficam admirados ao saber que no plano espiritual não existem tribunais nem juízes, a não ser nas zonas umbralinas mais inferiores, pois nós mesmos é que nos julgamos, à medida que vamos cometendo algum delito. Os nossos erros são automaticamente grafados em nosso corpo perispiritual e vamos sofrer, mais cedo ou mais tarde, as conseqüências de tais erros.

Os livros espíritas ensinam que somos nós mesmos que escolhemos o que desejamos reparar na próxima reencarnação, com algumas exceções. São as dos espíritos tenebrosos, que terão reencarnação compulsória em corpos deficientes, que funcionam como prisão, para que esses delinqüentes não agravem ainda mais os seus crimes. É necessário esclarecer que iremos para o plano espiritual que corresponda ao nosso estado evolutivo; portanto, alguns vão para as regiões abismais, outros para as umbralinas, mais ou menos densas, para a purgação imprescindível, até que um dia serão socorridos pelos caravaneiros do amor, para o tratamento e a orientação que se fizerem necessários. E somente serão recolhidos aqueles que já se arrependeram de seus erros e que aceitam a sua situação como instrumento corretivo. O arrependimento não quita os nossos débitos, mas é uma forma de reconciliar-nos com a justiça divina e com os nossos adversários, o que beneficia o arrependido, pois lhe traz harmonia física e psíquica. O arrependimento é uma forma de entrar em contato com os nossos credores e lhes expor a nossa intenção de saldar a dívida, embora parceladamente, ou seja, um pouco em cada reencarnação.

Pelo que se deduz desses ensinamentos, vemos que Deus não perdoa nem condena ninguém, somos nós que acionamos o mecanismo da Lei. Se pusermos o dedo no fogo, ele será queimado e sua recuperação será lenta e dolorosa.

O mesmo proceder verificamos com relação às tarefas que iremos desempenhar no plano espiritual. O serviço não nos é imposto pelos nossos mentores; eles aguardam a nossa iniciativa, que ocorrerá quando nos conscientizarmos da necessidade do trabalho como a melhor terapia para os nossos males e como crédito que poderemos utilizar.

Essas revelações são da Doutrina Espírita, e posteriores mensagens dos espíritos, entre eles André Luiz, nos afirmam: "Deus é eqüidade soberana, não castiga nem perdoa, mas o ser consciente profere para si as sentenças de absolvição ou culpa ante as leis divinas".

"Nossa conduta é o processo, nossa consciência, o tribunal." (1)

Bibliografia

1 • *O espírito da verdade*, Chico Xavier / Waldo Vieira, Ed. FEB.

OS SELVAGENS NA VIDA ESPIRITUAL

"Nestas regiões inferiores não transitam as almas simples, em qualquer aflição purgativa, situadas que se encontram nos erros naturais das experiências primárias."

ANDRÉ LUIZ [1]

Conforme nos ensina André Luiz, os selvagens não se afastam das selvas quando deixam o corpo carnal. Eles reencarnam no mesmo ambiente, demorando-se pouco tempo na erraticidade.

Não se poderia conceber que um espírito ainda na infância da escalada evolutiva como ser humano pudesse viver nas mansões celestiais, por não se adaptar a esse meio, como também não poderia localizar-se nas regiões trevosas, não tendo praticado nenhum ato condenável, pois não se trata de uma pessoa que cometeu crimes ciente dos males que está praticando. O selvagem é igual a uma criança, que não sabe diferenciar o bem do mal. Para ele tudo é permitido, mesmo porque ele mata apenas para alimentar-se, mesmo que seja um ser humano (no caso dos canibais), enquanto o civilizado mata os animais também como esporte. O selvagem preserva a natureza, enquanto o civilizado depreda e polui tudo o que estiver ao seu alcance, desde que esse ato signifique enriquecimento.

André Luiz diz que o mesmo crime praticado por um selvagem e um civilizado tem penalidades diferentes. Aquele não percebe a extensão maléfica de seus atos; este tem plena noção do mal praticado. É por isso que nas zonas infernais apenas residem aqueles que possuem discernimento para diferenciar o que é justo do que é injusto, mesmo porque a sua própria condição mental o localiza nas regiões purgatoriais.

Os selvagens, como todos os seres, possuem a proteção espiritual, que os orienta e os conduz na escalada evolutiva, fazendo com que emigrem para as regiões civilizadas quando alcançam o necessário preparo intelectual para conviver com os chamados civilizados. É como uma criança que já alcançou a puberdade e, posteriormente, a maioridade legal.

Devemos excluir desses casos os denominados subumanos que habitam as regiões inferiores, porque estão em aprendizado, como um aluno que está fazendo um estágio; portanto, sujeito às variações próprias do serviço que executa, mas nunca como uma imposição que represente castigo. Estes, porém, não são selvagens e sim espíritos em transição para a condição humana. São os chamados anti-humanos, assim denominados por Kardec [(2)].

Como vimos, portanto, os selvagens vivem uma vida fugaz na erraticidade, aguardando apenas a oportunidade do renascimento.

Bibliografia

1 • *Ação e reação*, André Luiz, cap. 1, pág. 18.
2 • *O Livro dos Espíritos*, Allan Kardec, perguntas 607, 609 e 611.

NOSSA CONVIVÊNCIA COM OS ESPÍRITOS

"Quantas horas tenho passado estendido no seu divã da sala, sem que a minha amiga suspeitasse."

ELSA BARKER [(1)]

Muitas pessoas acreditam que, ao desencarnar, vão para o céu ou para o inferno. Os praticantes do Espiritismo que não se dedicam ao estudo pensam que os maus vão para as regiões umbralinas mais densas e os bons para as colônias espirituais felizes, como Nosso Lar. Na realidade, o problema é mais complexo, porque o destino dos desencarnados varia muito, não só nos planos espirituais, que são inúmeros, como também aqui na crosta, convivendo conosco, participando de nossas alegrias e tristezas. Muitos, até, ficam contrariados quando os seus desejos não são postos em prática, seja nos negócios ou nos problemas familiares. Alguns ajudam e outros atrapalham.

Temos de admitir que um parente que exigia que seus pontos de vista fossem aceitos, quando encarnado, continuará a querer que as suas opiniões sejam postas em prática, embora os encarnados não tenham tomado conhecimento das mesmas, por estarem noutra dimensão da vida. Muitos casos de obsessão podem ocorrer por esse motivo. E essa convivência constante e prolongada, de familiares não esclarecidos dos males que provocam e dos prejuízos que causam a si mesmos, retarda o encaminhamento desses infelizes para novas reencarnações, como também para o seu aprimoramento intelectual e moral, nas escolas dos planos espirituais.

Muito tempo é perdido em questões sem importância. Muitos casos há em que uma pessoa ou um marido não se afasta do lar, enciumado pelo que o seu parceiro possa fazer no campo sentimental. Se o encarnado é jovem e pensa em casar novamente, o que é muito natural e sensato, então o caso se complica, porque o desencarnado fará tudo para que o casamento não se realize. E se não conseguir o seu intento, então poderá partir para a desforra, transmitindo ao substituto o ódio que lhe incendeia a mente.

Poucos são aqueles que conseguem entender que o parceiro encarnado dever unir-se a outra pessoa para melhor enfrentar a peregrinação terrena, principalmente se há filhos menores a exigir atenção e proteção. E esse sentimento de posse que o desencarnado continua a manter sobre o parceiro encarnado e os filhos não só é prejudicial a todos como também retarda o programa educativo do espírito, com o objetivo de nova reencarnação.

André Luiz [(2)] conta-nos dramas desse tipo, entre eles um em que o protagonista é uma senhora desencarnada que não se conforma em aceitar a substituta, considerando-a uma intrusa e, como tal, objeto de represália. No mesmo livro há um outro caso em que o avô permanecia na casa da neta havia muito tempo, prisioneiro de idéias obsessivas, sem saber exatamente o que o fazia manter-se imantado àquele lar. Ele tinha sido companheiro dessa neta em existência anterior, tendo vivido um pungente caso de amor frustrado. Com a intervenção da equipe de socorro, da qual fazia parte André Luiz, o problema foi solucionado.

Esse mesmo autor [(3)] relata outro caso em que um espírito permanecia na casa de sua ex-amante (encarnada), continuando a compartilhar do mesmo leito, como se não tivesse deixado o corpo carnal. Essa pessoa tinha sido assassinada pelo marido ultrajado, premeditadamente, numa caçada a pássaros, para que o crime fosse considerado um acidente. O assassino, ao visitar a ex-esposa, após o desencarne, ficou surpreso ao deparar com a vítima compartilhando do leito da sua ex-esposa. Eles se amavam, e o assassinato não conseguira separá-los.

Vemos por esses exemplos que a morte não significa uma separação, como muitos julgam. Grande parte dos que deixam o corpo carnal continua convivendo com os seus amigos e inimigos, ajudando ou perturbando, sem falar daqueles que permanecem ociosamente acomodados nas poltronas e camas das moradias que não dispõem de proteção espiritual. E não há nisso nada de extraordinário, pois estamos num mundo de expiações e provas, daí a importância de um reto proceder, para que haja um ambiente harmônico e, dessa forma, protegido contra a intromissão de espíritos brincalhões e malfeitores que pretendam transformar as nossas casas em locais de encontro das entidades trevosas.

Quando uma família vive evangelicamente, os espíritos protetores defendem o seu lar com uma barreira magnética, intransponível para os malfeitores do além-túmulo. Tal vivência evangélica* também servirá de orientação e exemplo para aqueles que tenham autorização para penetrar nesse lar, dando-lhes uma oportunidade de encontrar a paz e o roteiro para a sua caminhada evolutiva.

Vemos, portanto, que influenciamos e somos influenciados, muito mais do que supomos, conforme nos ensina Kardec.

Bibliografia

1 • *Cartas de um morto vivo*, Elsa Barker, Ed. Lake.
2 • *Entre o Céu e a Terra,* André Luiz, Ed. Feb.
3 • *E a vida continua*, André Luiz, Ed. Feb.

*O autor se refere ao compromisso que a família assume de semanalmente fazer a leitura e reflexão do Evangelho e aos benefícios trazidos por essa prática, chamada de Evangelho no Lar. (N.E.)

POSTO DE SOCORRO NAS TREVAS

"– Somos hoje defrontados por grande tempestade magnética, e muitos caminheiros das regiões inferiores são arrebatados pelo furacão como folhas secas no vendaval."

ANDRÉ LUIZ [1]

Quando assistimos ao filme *Horizonte Perdido*, fizemos uma comparação com o gelo e a ventania, que castigavam os sobreviventes do avião sinistrado, e a paz e harmonia do mosteiro que asilara os sobreviventes amorosamente. O interior do templo e as adjacências eram o céu, e o exterior dessa área, de gelo e ventos sibilantes, era o inferno.

Esse contraste chocante é bem parecido com o que é descrito por André Luiz [(2)]. Ele fala sobre a ventania ululante que açoitava a *Mansão Paz*, posto de socorro situado nas regiões mais pavorosas do umbral inferior.

Pela janela de material transparente dessa mansão, via-se uma quantidade enorme de criaturas coladas umas às outras, vociferando maldições e gemidos de causar piedade aos mais endurecidos de coração. Agarravam-se uns aos outros, instintivamente, para melhor se defender da tempestade magnética que devastava essa região, carregando consigo lama escura em redemoinho estranho, como se fosse uma treva encachoeirada.

A natureza como que respondia na mesma altura à ira desse povo revoltado que vivia sem destino nessa área hostil. Aliás, os fluidos circundantes respondem aos pensamentos, pois são alterados segundo aquilo que pensamos. As trevas deixarão de existir no momento em que os espíritos revoltados forem transferidos desse local ou se modificarem, emitindo pensamentos harmoniosos. Se as construções espirituais são produto da ação mental, não é de estranhar que as trevas ou a luz sejam o resultado dos pensamentos maus ou bons dos espíritos que habitam o plano espiritual, ampliados pelos dos encarnados. Os pensamentos, inclusive, refletem-se na própria fisionomia de quem os emite. E disso temos prova aqui mesmo entre os encarnados. Quem tem um reto proceder, sempre voltado para o bem, emitindo pensamentos puros, retrata essa harmonia no semblante, enquanto aqueles que estão irritados têm o rosto contraído, os olhos vermelhos e inchados pela pressão exercida sobre os vasos sangüíneos. É fácil identificar quem está em paz ou em desequilíbrio. A turbulência ou a calmaria interior é detectada com facilidade por qualquer pessoa. É natural, portanto, que as trevas que envolvem este mundo de provas e expiações seja produto dos pensamentos de milhões de criaturas desesperadas, que alimentam essas trevas enquanto assim procederem.

Indagado por Hilário, companheiro de André Luiz, por que a mansão não abria as portas a esses sofredores, o diretor respondeu que seria o mesmo que "asilar tigres desarvorados entre fiéis que oram num templo", acrescentando que a "salvação só é realmente importante para aqueles que desejem salvar-se."

Os caravaneiros dessa cidadela de amparo aos que já se arrependeram dos erros cometidos e procuram modificar o seu procedimento identificam os que podem ser recolhidos, pelos próprios pensamentos que emitem. Nós somos, na realidade, aquilo que pensamos. Assim sendo, os socorristas não se enganam ao amparar este ou aquele que demonstra, pelas suas próprias condições perispirituais, a sua disposição interior. Não é necessário fazer qualquer interrogatório, porque o próprio espírito denuncia a sua conduta pelos pensamentos que emite.

A *Mansão Paz* surgiu há trezentos anos, como posto de socorro subordinado ao governo de Nosso Lar, e é um sanatório e uma escola que presta socorro e dá orientação, como também prepara os futuros reencarnantes. Nessa instituição, onde os espíritos têm a oportunidade de trabalhar e aprender as sábias lições de Jesus, é desenvolvida uma tarefa socorrista de imensas proporções.

Nesse posto avançado de socorro aos desesperados que perambulam pelas trevas, muitos trabalhadores do bem encontram os familiares queridos que vagueiam aflitos, ocorrendo, então, cenas de grande júbilo. É impossível descrever esses momentos emocionantes, de dois espíritos que aguardam ansiosamente essa oportunidade, que muitas vezes leva dezenas ou centenas de anos. Como também aqueles em que uma vítima do passado é ansiosamente procurada pelo réu arrependido e que, pelos anos de sacrifícios, consegue reencontrar e ajudar aquele que lesou, seja qual tenha sido o crime praticado.

Ninguém consegue, realmente, elevar-se aos planos superiores sem quitar-se com a retaguarda. É por isso que alguns espíritos, embora tenham progredido muito, desempenham tarefas sacrificiais nas zonas trevosas, na ânsia de encontrar e ajudar aqueles que tenham prejudicado, mesmo que seja num passado distante. Porque, de fato, os crimes que praticaram continuam como mancha a denunciar a falta cometida, e somente com a reparação do erro é que o tribunal da consciência arquiva o processo em definitivo.

Poucos avaliam a complexidade dos problemas que causam ao cometerem um erro. Se conhecessem melhor a extensão do mal que praticam refreariam os seus ímpetos animalescos e tornar-se-iam mais humildes e menos orgulhosos, evitando verter lágrimas no futuro.

Esses postos de socorro nas trevas, como farol da presença da bondade divina, por meio dos trabalhadores do bem, não só auxiliam os que já se arrependeram dos males cometidos como também orientam e preparam esses tutelados para melhor aproveitamento das novas experiências na vida terrena. Será que nós, os alunos de outrora, estamos cumprindo as promessas que fizemos a esses bondosos benfeitores?

Bibliografia

1 • *Ação e reação*, André Luiz, cap. 1, Ed. Feb.
2 • Idem.

ESPÍRITOS GUERREIROS

"Ameaçavam os vigilantes e atiravam bombas que, felizmente, não ultrapassavam as ondas repelentes que se elevavam acima dos muros, exteriorizadas por aparelhagem própria, que faziam recordar os transformadores terrestres, colocados sobre colunas espalhadas em distância regular uma das outras, que circundavam toda a área."

MANOEL P. DE MIRANDA / DIVALDO FRANCO [1]

Se considerarmos a população espiritual que está intimamente ligada à encarnada, segundo Emmanuel [2], a população terráquea não é de 4,5 bilhões de habitantes, e, sim, 24,5 bilhões, além de alguns bilhões de subumanos.

E como a população espiritual é constituída daqueles que desencarnaram e vice-versa, não resta dúvida de que, se aqui existem violências de todos os tipos, o mesmo ocorre no plano espiritual inferior, também conhecido como região trevosa. Assim sendo, lá também existem guerras por conquista de territórios, dirigidas por espíritos guerreiros que empregam armas causadoras de sofrimentos atrozes, embora os espíritos não morram.

André Luiz fala do ataque de vasto grupo de entidades malfeitoras, que desejavam o deslocamento da Mansão Paz para outro local, a fim de se apossarem da região [(3)].

Para forçar essa mudança da instituição socorrista, essas belicosas criaturas lançavam mão de canhões de bombardeio eletrônico, cujos raios continham princípios de flagelação, que causavam pavor e loucura em todos que fossem atingidos. Para se defender desses ataques, a mansão dispunha de uma barreira de hastes metálicas, semelhantes a pára-raios, que cercavam toda a cidadela, funcionando como exaustores dos milhares de projéteis que alcançavam a barreira defensiva. Quando isso acontecia, ouviam-se estalidos secos, que infundiam pavorosa impressão aos que ainda não tinham passado por essa experiência.

Esses ataques à mansão ocorriam com freqüência, com o intuito de desanimar os benfeitores espirituais, para que abandonassem o trabalho socorrista naquelas paragens umbralinas, impedindo, com isso, que houvesse o resgate de muitos espíritos arrependidos e já propensos ao bem.

Aliás, no livro *Nas fronteiras da loucura* [1], o problema também é focalizado, demonstrando que essas agressões dos espíritos, procurando impedir o trabalho socorrista dos benfeitores espirituais, é uma realidade insofismável.

Muitos poderão estranhar que haja guerras no plano espiritual, mas isso é natural, pois, se há permissão para que isso aconteça aqui na Terra, por que seria diferente no mundo espiritual?

Deus não intervém no livre-arbítrio de ninguém, porque é sofrendo que os homens aprendem a discernir o certo do errado. Na questão 744 de *O Livro dos Espíritos*, ao responder à pergunta: "Qual teria sido o objetivo da Providência ao tornar a guerra necessária?", os espíritos disseram: "A liberdade e o progresso".

No caso mencionado por André Luiz, a mansão não atacava, e sim se defendia de uma agressão. Há, em outros livros do mesmo André Luiz, casos semelhantes. Num deles há menção de projéteis magnéticos que adormecem os invasores até que os atritos cessem por completo, mas sempre no direito da ordem e da defesa da liberdade.

Onde há espíritos inferiores, sejam encarnados ou desencarnados, as agressões de todos os tipos e dimensões acontecem, individual ou coletivamente. Não é só na Terra, portanto, que ocorrem lutas com armas modernas, mas também no mundo espiritual denominado umbral inferior.

Para se acabar com as guerras e conflitos menores, é necessário que o homem se conscientize de que a violência gera violência e que, dessa maneira, nunca estará livre de perigo, porque sempre haverá um inimigo aguardando uma oportunidade de desforra. Somente o amor poderá dar ao homem, encarnado ou desencarnado, a paz e a harmonia de que necessita para viver tranqüilo e feliz, seja neste mundo ou no espiritual.

Bibliografia

1 • *Nas fronteiras da loucura*, Manoel P. de Miranda / Divaldo Franco, cap. 7, Ed. Leal.
2 • *Roteiro*, Emmanuel, cap. 9, Ed. Feb.
3 • *Ação e reação*, André Luiz, cap. 1, Ed. Feb.

SEMELHANÇAS ENTRE ESTA E A VIDA ESPIRITUAL

Quanto mais lemos sobre a vida espiritual, mais nos conscientizamos de que essa vida é semelhante à nossa; não teremos muitas surpresas quando lá chegarmos! Senão, vejamos: lá, como aqui, temos as mesmas necessidades fisiológicas (come-se, bebe-se, respira-se etc.); lá, como aqui, estuda-se, trabalha-se, diverte-se; lá, como aqui, cultivam-se a pintura, a escultura, a música, o canto etc.; lá, como aqui, as pessoas namoram, casam, têm vida social etc.; lá, como aqui, há os doentes, angustiados, desiludidos, segundo a região purgatorial em que vivam; lá, como aqui, existem as mais variadas religiões, segundo os ideais que possuíam quando encarnados; lá, como aqui, existem instrumentos, máquinas, veículos, aparelhos de TV e sonoros, para facilitar a comunicação, o estudo, o trabalho e a diversão; lá, como aqui, existem locais de sofrimento e de alegria, segundo o estado evolutivo de cada pessoa; lá, como aqui, existem rios, lagos, florestas etc.

Há, entretanto, algumas diferenças, entre elas as seguintes: lá não existe comércio, porque todos têm as mercadorias de que necessitam, retirando-as nos depósitos que abastecem a população do local em que vivem; lá não existem guerras (com exceção das zonas umbralinas), revoluções ou qualquer tipo de agressão, o que exclui a necessidade de policiamento e de exército, mesmo porque lá não existem fronteiras, a não ser as vibratórias, que limitam as esferas; lá, embora existam casamentos, não há procriação, por que isso só ocorre entre os encarnados; lá não existe poluição química, sonora ou de qualquer outra espécie, por se tratar de um mundo fluídico, onde não se manipulam produtos químicos nem se utilizam máquinas e veículos barulhentos, pois são movidos a energia magnética.

É evidente que estamos comentando das colônias espirituais tendo como ponto de referência o livro sobre a cidade Nosso Lar e outras semelhantes, para onde vão a maioria das pessoas que já tenham algumas condições morais, segundo os padrões da nossa civilização terrena, porque os criminosos, os ladrões, os fazedores de guerras, os imorais enfim irão para as regiões tenebrosas, onde os sofrimentos superam, em muito, tudo aquilo que conhecemos aqui na Terra. É óbvio, também, que existem esferas superiores, para onde vão aqueles que na Terra desenvolveram missões importantes no campo da Ciência, da Filosofia ou das Artes, desde que qualquer uma dessas atividades esteja voltada para o bem da humanidade, seja eliminando os sofrimentos ou facilitando o trabalho dos homens, revelando-lhes novas verdades ou alegrando (pelas Artes) esta sofrida população terrestre, ainda tão ignorante.

Desde as regiões abismais, onde os sofrimentos são inenarráveis, até os planos superiores, onde a felicidade é impossível de se descrever, variam ao infinito as condições vivenciais, sem contudo deixar de haver algo em comum, tal como se alimentar, trabalhar, estudar, divertir-se etc.

Amar, pelo prazer de estar juntos, permutando energias (vibrações compensadas, como ensina Emmanuel) e conhecimentos; alimentar-se, absorvendo os fluidos puros; trabalhar, criando melhores condições de vida; estudar, procurando outras facetas da verdade absoluta; divertir-se, ver, ouvir e sentir as maravilhas que os nossos cinco sentidos ainda não conseguem perceber.

Esses são alguns dos ensinamentos que o Espiritismo nos transmite sobre o assunto; outros virão à medida que a humanidade for evoluindo e, dessa maneira, capacitando-se para melhor compreendê-los; ensinamentos que nos preparam para uma vida melhor, quando regressarmos às esferas espirituais, libertos dos laços da carne.

UNIVERSIDADES ESPIRITUAIS

"Um curso superior e atraente de Filosofia e Análise Comparada foi por nós iniciado, então."

MEMÓRIAS DE UM SUICIDA (1)

Quando assistimos, pela TV, ao seriado em que se utilizava a máquina do tempo para projetar as pessoas no passado ou no futuro, fazendo-as viver ou reviver as emoções de outros tempos, não poderíamos imaginar que essa ficção fosse uma realidade no plano espiritual, fazendo com que os espíritos retornassem a viver experiências, mesmo de um passado bem remoto.

No referido livro *Memórias de um suicida*, o autor nos fala a respeito de uma grande universidade, sediada na cidade espiritual denominada Esperança, na qual permaneceu durante muitos anos, depois de sofrida purgação no Vale dos Suicidas.

Nessa universidade, com muito mais recursos do que as da Terra, as aulas de Moral Cristã são ministradas por um professor que se vale dos registros das ondas luminosas do éter, ou seja, dos arquivos do infinito, para relembrar, em cenas vivas, os ensinamentos de Jesus de Nazaré. É a revivência da passagem desse Mestre amorável, transmitindo as suas lições imorredouras, muitas das quais desconhecemos, porque foram rejeitadas pela ignorância presunçosa dos homens!

O professor que ministrou as aulas sobre Moral Cristã, tinha sido um dos alunos do próprio Jesus, quando Ele nos trouxe a Boa Nova, há dois milênios.

Ao iniciar a aula, ele colocou sobre a cabeça um diadema de luz, ligando-o a uma tela espelhenta por fios prateados, que apresentava paisagens e a sonoridade dos acontecimentos que iam sendo relatados.

As aulas de Moral Cristã precederam às demais em dois anos, o que vem demonstrar que devemos primeiro estar moralizados, para depois enveredarmos pelo caminho da Ciência, porque um cientista sem moral pode causar muitos males à humanidade, construindo instrumentos de destruição. Mesmo em outras áreas do conhecimento, se a pessoa não tiver moral, somente problemas poderá causar à sociedade, desvirtuando o objetivo maior, que é o da evolução espiritual.

Nas aulas práticas, os alunos, para saber das causas que motivaram os dramas que viveram no corpo carnal, também se utilizam desse método educativo, isto é, de reviver as vidas passadas nas quais cometeram os desatinos que resultaram nos sofrimentos em posteriores existências reencarnatórias. Aliás, Ernesto Bozzano [(2)] também fala a respeito dos registros, no éter, de todos os acontecimentos ocorridos no mundo, desde a aurora dos tempos.

No curso sobre a formação do planeta, os alunos tinham a possibilidade de acompanhar todo o seu desenvolvimento, como se fosse ao vivo, acompanhando as transformações pelas quais o globo passou. Eram aulas de Geologia, Arqueologia, Geografia e Topografia que se sucediam, sem nada omitir. Aliás, as matérias ministradas nessa universidade, constituíam-se de Moral Cristã, Filosofia, Ciência, Psicologia, Pedagogia, Cosmologia e até um idioma novo, que é o Esperanto [(1)].

"Uma só língua, uma só bandeira, um só pastor!" Essa é a meta de todos os que almejam um mundo de paz e amor, que é a condição de que necessita a Terra para transformar-se em um mundo de "regeneração", objetivo a atingir fatalmente, no transcorrer do terceiro milênio.

O Esperanto, portanto, é a única língua extra que se ensina nessa universidade, como mais um meio de irmanar as criaturas, não só no mundo espiritual como também no dos encarnados.

Alguns alunos, mesmo sabendo que terão que pôr em prática os seus conhecimentos, reencarnando, vão protelando essas provas ou expiações, chegando mesmo a ficar algumas décadas nessas escolas da espiritualidade; mas, um dia, resolvem enfrentar o inevitável, pois do contrário estarão atrasando a sua evolução, não resgatando os seus débitos na vida terrena.

Os ensinos nas escolas espirituais dispõem de muitos recursos, não só quanto aos aparelhos, inexistentes na Terra, como também de livros que relatam fielmente os acontecimentos históricos, sem as distorções impostas pelos poderosos da época, para alimentar sua vaidade.

Como é óbvio, todos os que estão capacitados para freqüentar as aulas serão matriculados, independentemente de qualquer pagamento ou limite de vagas. Lá não prevalece a posição social do candidato, mas sim os seus méritos e condições intelectuais.

O domingo é consagrado ao repouso semanal, dedicado ao lazer. É natural que os espíritos mais elevados não descansem, pois, quanto mais evoluídos, mais ativos são.

Muitos poderão estranhar que os desencarnados obedeçam a um calendário como os encarnados, mas esse costume persiste, porque ainda estão presos aos hábitos que tinham na Terra, com exceção dos dirigentes dessas cidades. A maioria, entretanto, ainda necessita de descanso, devido à grande densidade dos seus corpos perispirituais, o que não acontece com os espíritos superiores, que possuem corpos sutis.

Os professores lecionam por amor à causa que abraçaram e porque necessitam estudar para transmitir mais conhecimentos, e com isso mais se aproximam da condição de espíritos puros, objetivo maior de todas as criaturas que estão conscientes dessa verdade. Quando atingirem essa categoria, serão ministros de Deus.

Bibliografia

1 • *Memórias de um suicida*, Yvonne Pereira, pág. 442, Ed. Feb.
2 • *Os Enigmas da psicometria*, Ernesto Bozzano, Ed. Feb.

OS ESPÍRITOS E AS ARTES

"A música (celeste) possui infinitos encantos para os espíritos, por terem eles muito desenvolvidas as qualidades sensitivas."

O LIVRO DOS ESPÍRITOS, ITEM 251

Existem pessoas que acreditam que a vida dos espíritos bons se restrinja a ficar em perpétua louvação a Deus ou a ouvir o som das harpas manejadas pelos anjos do Senhor!

Na realidade, quanto mais elevados são os espíritos mais se dedicam ao trabalho. Mas isso não significa que eles não se dediquem aos estudos, às artes e ao lazer. O descanso, quando é utilizado para ouvir boa música, contemplar belos quadros e esculturas ou ler bons livros, também propicia um refazimento de energias gastas.

O corpo perispiritual, embora seja fluídico, também é material e dessa maneira necessita de descanso, principalmente nos casos dos mais inferiores.

Assim sendo, é natural que as pessoas procurem pinacotecas, teatros e bibliotecas, segundo a sua inclinação, para algumas horas agradáveis, harmonizando-se física e psiquicamente.

As reuniões sociais nos planos espirituais, também são abrilhantadas por apresentações musicais e de canto, conforme nos dá um exemplo André Luiz (1), em que uma jovem toca ao órgão composições conhecidas na Terra, como também algumas partituras desconhecidas pelos encarnados; partituras tão harmoniosas, que causam momentos emocionantes.

Devemos lembrar que os instrumentos que eles possuem dispõem de mais recursos, de escala cromática mais ampla. São os instrumentos que produzem as músicas celestiais, que desconhecemos por não dispormos das partituras nem dos instrumentos adequados.

Nas regiões inferiores, entretanto, a música é muito pobre: "...música exótica fazia-se ouvir não distante" (2).

A música que aqui conhecemos, conforme nos ensina Rossini, espírito, é a médium da harmonia... "a harmonia não é a música, assim como a chama não é a luz" (3).

No livro *A vida além do véu* (4), um dos espíritos que ditou essa obra fala-nos de uma região espiritual em que a música está no ar. A harmonia é uma vibração do éter, que pode ser provocada pela ação material dos espíritos que dominam essa arte sublime.

Na pintura, André Luiz [5] nos fala de telas de tanta perfeição e técnica que parecem possuir vida. As cores são mais ricas, algumas desconhecidas neste mundo terreno, devido a nossa limitação visual; a luminosidade, como também o relevo e as dimensões em que são apresentadas, superam a tudo que conhecemos aqui na Terra, já que ainda estamos limitados a três dimensões (comprimento, largura e altura).

Quando os espíritos construtores, técnicos especializados, constroem um edifício, manipulando os fluidos do próprio local, pelo poder mental, podem recorrer a escultores para elaborar as peças mais delicadas, que ornamentarão o interior desse edifício. Assim como temos aqui na Terra os pedreiros, eletricistas, pintores e os profissionais das obras hidráulicas, é óbvio que no plano espiritual também existam os especialistas nas diversas modalidades, embora alguns possam construir uma obra completa sem depender de auxiliares.

Os monumentos, as estátuas, estatuetas e esculturas diversas são produzidos pelo poder mental, assim como tudo de que se necessite na vida espiritual. As pessoas que se dedicam a esse trabalho devem conhecer bem o serviço que executam, porque em primeiro lugar devem visualizá-lo no pensamento, para depois concretizá-lo materialmente, no local determinado.

Se tudo é uma criação mental, utilizando-se os fluidos para que essa criação se torne realidade, as Artes no plano espiritual (escultura, pintura, desenho, gravura etc.) dependem, principalmente, do gênio criativo do artista. E um gênio não se faz com alguns anos de escola, mas com muita dedicação e amor, em algumas centenas ou milhares de anos.

Bibliografia

1 • *Os mensageiros*, André Luiz, cap. 31, Ed. Feb.
2 • *Libertação*, André Luiz, Ed. Feb.
3 • *Obras Póstumas*, Allan Kardec, Ed. Feb.
4 • *A vida além do véu*, George Vale Owen, Ed. Feb.
5 • *Os mensageiros*, André Luiz, cap. 16, Ed. Feb.

RENDAS E PROPRIEDADES NA VIDA ESPIRITUAL

"As construções em geral representam patrimônio comum, sob controle da Governadoria, cada família espiritual, porém, pode conquistar um lar (nunca mais de um), apresentando trinta mil bônus-hora, o que se pode conseguir com algum tempo de serviço."

ANDRÉ LUIZ (1)

A verdadeira propriedade, quer como encarnados ou desencarnados, é a conquista intelectual e moral, porque a material não nos acompanha quando mudamos de plano, nos dois sentidos: quando encarnamos e desencarnamos. Entretanto, as aquisições, dentro das necessidades, são indispensáveis, sejam como abrigo ou utilidades domésticas.

Para quem sabe aproveitar o tempo, utilizando-o nas conquistas espirituais, quando encarnado, é importante ocupar o período noturno, no desdobramento pelo sono, em atividades nos planos espirituais, sejam elas quais forem. Assim é que muitos, ao desencarnar, já poderão contar com uma residência à sua espera, bem como com a possibilidade de continuar com a tarefa que executava durante o período do sono, sem solução de continuidade. É natural que, tanto aqui como no plano espiritual, exista um período de repouso, de acordo com as nossas condições evolutivas. A exemplo do que ocorre na Terra, em que temos normalmente oito horas diárias de trabalho, no plano espiritual também acontece o mesmo, até no que se refere às horas extras. E a remuneração a esse trabalho pode ser utilizada na obtenção de propriedades, como também de coisas de uso e consumo, tais como roupas e alimentos, livros e utensílios diversos, bem como ingressos aos parques de diversões ou de outras áreas de lazer.

Em se tratando dos diferentes tipos de trabalho, também o valor do bônus-hora é determinado. Um exemplo: cuidar de crianças conta em dobro as horas trabalhadas; execução de serviços nos diferentes ministérios – no caso da cidade Nosso Lar – também varia conforme o ministério em que se trabalhar.

Na vida espiritual a obtenção de rendas só se dá pelo trabalho assalariado e nunca como comércio ou qualquer tipo de especulação ou jogatina. Não há, também, possibilidades de alguém se apropriar de propriedades, objetos ou bônus-hora, mesmo porque ninguém pode ser desalojado de sua casa ou se apoderar da ficha de crédito; no primeiro caso, porque todos possuem casa para morar, seja sua ou do patrimônio comum da cidade; no segundo, porque as fichas de crédito são controladas pelo órgão expedidor.

Como vimos, a propriedade é transitória, porque ao reencarnar o espírito terá de deixá-la aos herdeiros ou ao patrimônio comum da cidade; todavia, o espírito reencarnante poderá utilizá-la durante o período do sono, em desdobramento, ao visitar os herdeiros que a ocupam. Quanto aos bônus-hora, o reencarnado poderá também usá-los em benefício de terceiros. Enfim, a propriedade no plano espiritual é uma realidade, mas tem sempre uma finalidade útil e não como acontece entre os encarnados, em que há casos de luxo desmedido, apenas para ostentação e prestígio social.

Naturalmente estamos nos referindo aos planos mais adiantados, porquanto nas regiões umbralinas mais densas ou abismais nada disso existe, porque esses planos são desprovidos de quaisquer benfeitorias ou locais de asilo para os infelizes que perambulam por essas regiões, até que possam ser recolhidos nos postos de socorro das imediações, pelos caravaneiros dos planos maiores. Os enfermos e os perturbados ficam nesses postos de atendimento temporário, como o próprio nome indica, até que possam ser encaminhados aos hospitais das colônias, devidamente aparelhados para esse fim.

As construções e quaisquer objetos ou utensílios são fabricados por técnicos, utilizando-se dos fluidos cósmicos, pelo poder mental. São profissionais especializados nas mais diversas atividades industriais.

É evidente que uma pessoa, ao desencarnar, não vai se apresentar nua, e sim com uma roupa fluídica semelhante àquela que freqüentemente usava, mas também essa criatura poderá adquirir novas vestes, segundo as variedades que mais lhe agradarem, desde que disponha dos bônus-hora para esse fim.

O Irmão Jacob (2), logo após o seu desencarne, foi presenteado por Bezerra de Menezes com um costume cinza, muito semelhante aos que preferia no verão, quando encarnado, em substituição ao vasto roupão claro, de convalescente, que estava usando. Se o costume cinza fora trazido por Bezerra de Menezes, isso demonstra que ele não foi feito no local e sim obtido em algum lugar, mediante bônus-hora ou com os recursos do próprio desencarnante que se achavam creditados em seu nome.

Yvonne A. Pereira (3) também nos fala das criações mentais por parte de um espírito de pouca instrução que julgava estar ainda encarnado e que conseguiu reproduzir no plano espiritual, no próprio local em que vivera, a chácara da qual se valera enquanto encarnado. Ela se constituía de um casebre de tijolo cru, coberto de telhas e com plantações de hortaliças e ervilhas. Era tão real que a própria Yvonne, em desdobramento, ajudou o espírito que ali vivia a amarrar as ervilhas às estacas, com tiras de embira. Dois ou três galos de briga, tipo chinês, ciscavam e cacarejavam a procura de alimento, dando mais vida àquela criação mental. Isso vem demonstrar que o poder mental é força criadora, a ponto de reproduzir todo um ambiente que existia na mente do criador, mesmo ignorante, mas com grande poder criativo. Como vimos, aqueles que não possuem capacidade mental para criar poderão obter o que desejam, dentro das necessidades, com horas de serviço, sejam normais ou extras.

Bibliografia

1 • *Nosso Lar*, André Luiz, pág. 115, Ed. Feb.
2 • *Voltei*, Irmão Jacob, pág. 47, Ed. Feb.
3 • *Recordações da mediunidade*, Yvonne Pereira, pág. 131, Ed. Feb.

OS ANIMAIS NA ERRATICIDADE

"– A alma do animal, sobrevivendo ao corpo, fica num estado errante, como a do homem após a morte?
– Fica numa espécie de erraticidade, pois não está unida a um corpo."

O Livro dos Espíritos, item 600

Gabriel Delanne [1] informa que uma sonâmbula, em transe, respondia a algumas perguntas quando um assistente dos trabalhos esmagou com o pé uma aranha que passava pelo assoalho da sala de sessão, tendo a sonâmbula dito que estava vendo o espírito da aranha evolar-se. O dirigente então lhe perguntou qual a forma do espírito, obtendo a resposta de que era a mesma aranha.

Essa prova da existência dos animais nos planos espirituais é confirmada pelos videntes em inúmeras ocasiões. O próprio Delanne, no mesmo livro, também afirma que não é possível a existência do corpo carnal sem a presença do elemento perispiritual. É este que modela e anima o corpo carnal, por intermédio do fluido vital. Contudo, os que mais falam sobre a existência dos animais na vida espiritual, como é óbvio, são os espíritos, principalmente André Luiz. Em diversas ocasiões ele nos informa que na vida espiritual existem animais de várias espécies, inclusive algumas desconhecidas no planeta em que vivemos, como o caso dos íbis viajores (2), que acompanham as missões socorristas às regiões umbralinas mais densas. Eles são a vanguarda dessas caravanas; voando a pequena altura, devoram as formas mentais odiosas e perversas, entrando em luta franca com as trevas umbralinas. E não há nessa informação nenhuma incoerência, pois, se os espíritos se alimentam de fluidos, por que essas aves espirituais não podem se alimentar das formas mentais que também são condensações fluídicas, embora mais densas?

As caravanas socorristas utilizam-se de carros, no formato de diligência, puxados por mulas semelhantes às terrestres, precedidas de um grupo de cães (3). Esses cães afastam quaisquer espíritos inferiores que pretendam atacar as caravanas.

Como os animais variam segundo os planos, assim como na Terra os peixes vivem nos rios e os tigres nas florestas, nas regiões mais inferiores os animais ferozes atacam quando se acham ameaçados por algum inimigo. É o instinto de conservação. André Luiz nos fala a respeito de um ataque de leões e panteras à Casa de Fabiano, quando a região em que ela se localizava estava para ser atingida por uma tempestade elétrica, denominada "fogo purificador". A diretora da casa teve de se utilizar das baterias que lançam farpas elétricas para afugentar esses felinos, bem como outros animais enfurecidos que procuravam um refúgio para se defender do fogo devastador [(4)].

Assim como na Terra, também no plano espiritual a fauna é variada e abundante. Há diferentes tipos de animais, alguns monstruosos, inexistentes na Terra, que o instrutor Aniceto não permitiu que André Luiz descrevesse em seu livro, a fim de não criar imagens mentais de ordem inferior [(5)].

Nos planos superiores, o canto e a plumagem dos pássaros são indescritíveis, tal é a harmonia e a beleza desses seres alados, segundo os espíritos que tiveram a ventura de visitar essas regiões mais elevadas. E não há nenhuma contradição no fato de existirem animais em planos em que os espíritos inferiores não podem habitar! Não acontece o mesmo nos planetas mais adiantados, como Júpiter, no qual ainda não podemos habitar devido à nossa imperfeição? No entanto, lá também existem animais, não obstante serem mais evoluídos que os da Terra. Neste planeta os animais executam serviços como se fossem operários, embora não recebam salários nem sejam livres, porque estão ligados a uma família particular [6].

No plano espiritual, os animais também trabalham, quando se trata de regiões organizadas, como acontece aqui na Terra com os animais domésticos. No que tange aos selvagens, a dor os impulsionará na senda evolutiva.

Na questão 601 de *O Livro dos Espíritos*, o responsável pela resposta diz que nos mundos superiores, também os animais são superiores aos que temos aqui na Terra, mas sempre inferiores aos homens, seja qual for o estágio evolutivo desses homens. Devemos lembrar que o princípio inteligente que anima um irracional quando este atinge o mais alto grau da espécie animal, que se presume seja o macaco, possivelmente o chimpanzé, deverá, ao desencarnar, passar por uma transformação para um estado denominado ante-humano e em seguida, sem precisar o número de anos, entrar no período de humanidade [7].

Emmanuel [8] diz que existem bilhões de inteligências subumanas no plano espiritual próximo à Terra, além de mais de vinte bilhões de espíritos.

Como vimos, os animais também evoluem, seja de espécie para espécie, seja do animal para o homem, conforme nos ensinam os espíritos: "É assim que tudo serve, tudo se encadeia na natureza, desde o átomo primitivo até o arcanjo, pois ele mesmo começou pelo átomo. Admirável lei de harmonia, de que o vosso espírito limitado ainda não pode abranger o conjunto!" [9]

E essa revelação é aceita por todos os espíritas superiores, inclusive o Mestre Léon Denis, quando, em magistral síntese, exclamou: "Na planta, a inteligência dormita; no animal sonha; só no homem acorda, conhece-se, possui-se e torna-se consciente" (10).

Bibliografia

1 • *A Evolução anímica*, Gabriel Delanne, pág. 8, Ed. Feb.
2 • *Nosso Lar*, André Luiz, pág. 184, Ed. Feb.
3 • Idem, pág. 183.
4 • *Obreiros da vida eterna*, André Luiz, pág. 61, Ed. Feb.
5 • *Os mensageiros*, André Luiz, pág. 176, Ed. Feb.
6 • *Revista Espírita*, Allan Kardec, ano 1858, págs. 116/7, Edicel.
7 • *O Livro dos Espíritos*, Allan Kardec, item 611.
8 • *Roteiro*, Emmanuel, pág. 43, Ed. Feb.
9 • *O Livro dos Espíritos*, Allan Kardec, item 540.
10 • *O Problema do Ser, do Destino* e *da Dor*, Léon Denis, pág. 132, Ed. Feb.

ESFERAS ESPIRITUAIS

"Lendo André Luiz, quando descreve a segunda e a terceira esferas, percebemos que, em ambas, há chão firme, sólido, terra fértil que se cobre de vegetação. Se assim é, fácil é perceber-se que, para seus habitantes, nós estamos vivendo no interior da Terra."

CIDADE NO ALÉM, HEIGORINA CUNHA / CHICO XAVIER [1]

O mundo espiritual é vastíssimo, incomensurável, não limitado como os planetas, a exemplo da Terra, que tem uma superfície delimitada (510.101.000 km^2).

A Terra é quase uniforme nas suas condições físicas, enquanto o mundo espiritual é variadíssimo, pois, conforme as informações dos espíritos, as esferas se sobrepõem umas às outras, a partir da superfície da

Terra, e as mais afastadas se misturam com as dos planetas mais próximos. Entretanto, podemos afirmar pelo que se deduz dessas revelações que quanto mais afastadas do planeta, mais sutis são essas esferas (moradias espirituais).

Tais afirmações são lógicas, porque quanto mais elevado é o espírito, mais quintessenciado é o seu corpo perispiritual, até deixar de existir (1). Quando isso ocorre, o espírito se manifesta como um centro irradiante, identificável apenas para os do mesmo grau evolutivo; todavia, eles podem se valer dos fluidos e se apresentar como eram conhecidos na Terra.

No livro *Voltei*, o Irmão Jacob menciona o caso de Bittencourt Sampaio, que se manifestou no plano espiritual como uma estrela cintilante que depois se materializou, utilizando-se dos fluidos de cem médiuns que se encontravam no local para esse fim.

Ernesto Bozzano (2) também diz que os espíritos puros podem conhecer o passado e o futuro, assim como podem estar, instantaneamente, em qualquer parte do universo. Para esses espíritos não existem as limitações do tempo e do espaço.

As sete esferas mencionadas no livro *Cidade no Além* são as seguintes, a partir da superfície da Terra: umbral grosso, umbral médio, umbral, onde está localizada a cidade espiritual Nosso Lar, Arte em geral ou Cultura e Ciência, Amor Fraterno Universal e Diretrizes do Planeta.

Existem outras, mas não são mencionadas.

Além dessas esferas externas, em relação à Terra, há também a região abismal, no subsolo, conforme ensinam os livros *O abismo* de R. A. Ranieri, e *Nas fronteiras da loucura*, de Manoel P. de Miranda, psicografado por Divaldo Franco. Muitos poderão estranhar que as entranhas da Terra sejam habitadas por espíritos, mas devemos lembrar que eles possuem um corpo fluídico, que a barreira física da Terra não lhes oferece obstáculos, embora moradores dessa região possuam um corpo perispiritual mais denso, porque são os mais inferiores, inclusive moralmente.

Bibliografia

1 • *Cidade no Além*, Heigorina Cunha e Chico Xavier, Espíritos Lucius e André Luiz.

2 • *A crise da morte*, Ernesto Bozzano.

GLOSSÁRIO

ALMA – Parte imaterial dos seres vivos. Princípio inteligente, ser imaterial e individual que em nós reside e sobrevive. A alma, quando desencarnada, denomina-se espírito. Quando encarnado, o espírito se chama alma.

AURA – Irradiação em torno do corpo que tanto os indivíduos clarividentes como os hipnotizados ou magnetizados conseguem ver sob as mais variadas formas e colorações. Através dos tempos, esse fluido recebeu diversos nomes: Telesma, Luz astral, Pneuma, Alkahest, Blas humanum, Aor, Azotth, Enormon, Meterer, Matéria sutil, Ignis subtilíssimus etc.

DUPLO – Nome com que também se designa o perispírito.

ERRATICIDADE – Condição dos espíritos desencarnados que vagam em estado de perturbação ou de ignorância.

ESPÍRITO – Ser inteligente ou alma, quando liberto da carne ou do corpo físico pela desencarnação.

FANTASMA – Duplo dos vivos ou aparição semimaterializada.

FLUIDO – Matéria em estado invisível.

LICANTROPIA – Fenômeno pelo qual espíritos pervertidos no crime atuam sobre antigos parceiros encarnados ou desencarnados, fazendo-os assumir atitudes idênticas às de certos animais. Lobisomem; zoantropia; fascinação.

PERISPÍRITO – Palavra criada por Allan Kardec para indicar o envoltório ou corpo espiritual das entidades desencarnadas.

Também conhecido, através dos tempos, como:

- Fluido Vital (Idade Média)
- Espírito dos nervos (vidente de Prèvorst)
- Ka (egípcios)
- Linga sarira (indianos)
- Nephesch (cabalistas)
- Evestrum (Paracelso)
- Ochema (gregos)
- Carro sutil da alma ou Eidolon (Pitágoras)
- Mediador plástico (Cudworth)
- Corpo astral, Od (ocultistas)
- Campo energético, em torno do espírito etc.

REGIÃO SUBTERRÂNEA OU ABISMAL – Localizada no subsolo da Terra.

SONHOS – Conjunto de idéias e imagens que se apresentam ao espírito durante o sono. Os sonhos originam-se das nossas disposições físicas ou psicológicas, de impressões ou imagens arquivadas em nosso cérebro, ou de atividade exercida pelo espírito durante o sono.

UBIQÜIDADE – Faculdade de quem está ao mesmo tempo em toda parte. "Não pode haver divisão de um mesmo espírito, mas cada um é um centro que irradia para diversos lados. Isso é o que faz parecer estar um espírito em muitos lugares." (*O Livro dos Espíritos*, item 92.)

UMBRAL – Zona espiritual inferior em que permanecem os espíritos ainda sujeitos à reencarnação e que varia em muitas faixas de densidade.

VAMPIRISMO – Absorção por parte de obsessores espirituais das forças psíquicas de encarnados e desencarnados. Ação dos espíritos atrasados em face de nossos vícios.

Ao terminar a leitura deste livro, provavelmente você tenha ficado com algumas dúvidas e perguntas a fazer, o que é um bom sinal. Sinal de que está em busca de explicações para a vida. Todas as respostas que você precisa estão nas Obras Básicas de Allan Kardec.

Se você gostou deste livro, o que acha de fazer com que outras pessoas venham a conhecê-lo também? Poderia comentá-lo com aquelas do seu relacionamento, dar de presente a alguém que talvez esteja precisando ou até mesmo emprestar àquele que não tem condições de comprá-lo. O importante é a divulgação da boa leitura, principalmente a literatura espírita. Entre nessa corrente!

Conheça um trecho da magnífica obra *Nas margens do grande rio*

Romance do Espírito
Xisto Vinheiros
Psicografado pelo médium
Alceu Costa Filho

Conceição e Anselmo observaram silenciosamente, e Sampaio, após abraçar Eulália, emocionado falou:

– Você, sinhá Eulália, só deu alegria para este velho desde que era pequena; eu é que agradeço a Deus nosso Senhor e à "alma" dos finados por servir a esta casa.

Abaixou a cabeça, como era de seu costume, e Eulália o repreendeu carinhosamente:

– O que é isso, senhor Sampaio? Levante essa cabeça, chega de tristeza! O senhor não vai abraçar minha filha?

– Vou sim, minha sinhá! Com a permissão do doutor Anselmo!

– Não precisa de permissão, senhor Sampaio; tenho certeza de que mesmo antes de conhecê-la o senhor tem por ela grande carinho! – disse Anselmo.

– Ah, sim, senhor doutor, ela tem um lugar no meu coração desde que eu era um moleque!

Todos se calaram sem entender o que ele quisera dizer. Conceição pegou a criança dos braços de Eulália e a entregou a Sampaio. Este a aconchegou junto ao peito e caminhou em direção à janela; depois, voltou o rosto da pequenina para o exterior e perguntou:

– Vocês já colocaram nome nela?

– Já sim, senhor Sampaio – falou Eulália. – Ela vai se chamar Zulmira, em homenagem à minha bisavó!

– Você escolheu o nome certo, minha filha, muito certo! Aquele coração bom foi para este velho aqui a mãe que eu não tive! Agora nosso Senhor manda para nós este titico de gente e com o mesmo nome!

Quando Sampaio se afastou da janela, Anselmo notou que daquele ângulo, no alto da pequena colina, o velho paiol ficava bem visível; assustado, desviou rapidamente o olhar, enquanto Sampaio entregava Zulmira para Conceição, fazendo-os entender que estava de saída. Retirou do bolso do paletó surrado um pequeno volume enrolado num lenço e falou:

– Dona Eulália, senhor doutor, eu aprendi que direito é direito e estou entregando para sinhá Zulmira o que é dela; está guardado há muito tempo comigo e agora faço de presente para ela.

Desembrulhou carinhosamente o presente e deixou à mostra um pequeno broche de madrepérola branco, em formato de coração, com o nome "Eulália" gravado a ouro. A delicadeza da peça tão bem trabalhada chamaria mais a atenção pelo seu valor não fosse o nome ali gravado. Eulália, entre a emoção e o espanto, falou:

– Lindo, senhor Sampaio, muito lindo! Como a conseguiu?

– Isso foi entregue para mim há muitos anos, minha sinhá, junto com a incumbência que cumpro hoje. Qualquer dia eu conto a história. Nosso Senhor Jesus Cristo toma conta do meu titico de gente! Agora vou! Tenho de ir lá no paiol cumprir minhas responsabilidades.

Beijou a mão de Eulália, fez um afago na cabeça da criança e caminhou em direção à porta. Anselmo, que o acompanhava, falou:

– E o licor, senhor Sampaio, não vamos tomar?

– Fica para outro dia, senhor doutor; já comemorei com o coração; aceite os meus cumprimentos!

Desceu as escadas e caminhou lentamente em direção ao velho paiol. Anselmo ainda ficou um bom tempo a observá-lo, enquanto pensava: "Tudo aqui é mistério! Senhor Sampaio sabe de muitas coisas, mas não fala! Bem, o importante é que estamos todos em paz e com saúde!"

Voltando ao quarto, encontrou Eulália e Conceição admirando o presente de Sampaio:

– Veja, Anselmo – falou Eulália –, isso é uma peça rara. A quem terá pertencido? Será que o senhor Sampaio mandou fazê-la? Por que será que ela traz meu nome gravado?

...

Você gostou deste trecho?
Então não deixe de ler este belíssimo romance!